汉译世界学术名著丛书

笛卡尔语言学
——理性主义思想史上的一章

〔美〕诺姆·乔姆斯基 著

田启林 马军军 译

商务印书馆
创于1897
The Commercial Press

CAMBRIDGE

Noam Chomsky

Cartesian Linguistics: A Chapter in the History of Rationalist Thought

This translation is published by arrangement with Cambridge University Press 2009. This is a Simplified-Chinese translation of the following title published by Cambridge University Press:

Cartesian Linguistics: A Chapter in the History of Rationalist Thought, 9780521708173
© Noam Chomsky 2009
Third edition introduction
© James McGilvray 2009

This Simplified-Chinese translation for the People's Republic of China (excluding Hong Kong, Macau and Taiwan) is published by arrangement with the Press Syndicate of the University of Cambridge, Cambridge, United Kingdom.
此版本根据剑桥大学出版社版本译出。

© The Commercial Press, Ltd., 2024

This Simplified-Chinese translation is authorized for sale in the People's Republic of China (excluding Hong Kong, Macau and Taiwan) only. Unauthorized export of this Simplified-Chinese translation is a violation of the Copyright Act. No part of this publication may be reproduced or distributed by any means, or stored in a database or retrieval system, without the prior written permission of Cambridge University Press and The Commercial Press, Ltd.

Copies of this book sold without a Cambridge University Press sticker on the cover are unauthorized and illegal.
本书封面贴有 Cambridge University Press 防伪标签，无标签者不得销售。

CAMBRIDGE
UNIVERSITY PRESS
www.cambridge.org

汉译世界学术名著丛书
出 版 说 明

我馆历来重视移译世界各国学术名著。从20世纪50年代起，更致力于翻译出版马克思主义诞生以前的古典学术著作，同时适当介绍当代具有定评的各派代表作品。我们确信只有用人类创造的全部知识财富来丰富自己的头脑，才能够建成现代化的社会主义社会。这些书籍所蕴藏的思想财富和学术价值，为学人所熟悉，毋需赘述。这些译本过去以单行本印行，难见系统，汇编为丛书，才能相得益彰，蔚为大观，既便于研读查考，又利于文化积累。为此，我们从1981年着手分辑刊行，至2023年已先后分二十一辑印行名著950种。现继续编印第二十二辑，到2024年出版至1000种。今后在积累单本著作的基础上仍将陆续以名著版印行。希望海内外读书界、著译界给我们批评、建议，帮助我们把这套丛书出得更好。

商务印书馆编辑部
2023年11月

目 录

第三版序言················· 詹姆斯·麦吉尔夫雷　1
致谢······························· 83

引言······························· 85
语言使用的创造性··················· 89
深层结构和表层结构·················· 136
语言学中的描写与解释················· 167
语言习得与语言使用·················· 178
总结······························ 198

参考书目··························· 200
索引······························· 212

第三版序言

詹姆斯·麦吉尔夫雷

1. 概览

诺姆·乔姆斯基35岁时完成《笛卡尔语言学》一书初稿，时任美国学术团体协会会员。初稿原本打算1964年初在普林斯顿大学举办的克里斯蒂安·高斯论坛上宣读。或许是担心与会者不易理解，乔姆斯基没有宣读，转而谈了当时语言学界容易接受的常见话题。1966年，书稿经修改后出版。这是一本出类拔萃之作，虽然文字略显艰深，但读后受益匪浅。该著作是语言哲学中研究语言的创造性和心灵的本质的开创性著作，时至今日仍然可以说是一部无与伦比的杰作。

《笛卡尔语言学》一书开篇就描述了语言的创造性。这种创造性几乎体现在人们包括小孩所说的每句话中。然而，正如该书副标题"理性主义思想史上的一章"所提示的，全书重点很快就转向了对心灵的研究，转向了对使语言的创造性成为可能的心灵的研究。因此，语言研究最好研究心灵，以及研究心灵中的语言。全书内容和标题都凸显了17世纪哲学家勒内·笛卡尔的伟大贡献。这是因为笛卡尔首先认识到语言的创造性(不仅体现在诗人身上,也体现在常人身上)这一"常见"形式对研究人类心灵的重要意义。[①] 由于这一点,以及由于笛卡尔之后的许多语言学和哲学家都认同笛卡尔的这一洞见,都沿着笛卡尔提出的问题研究语言和心灵,乔姆斯基就把自己对这些追随者和反对者的研究命名为《笛卡尔语言学》。乔姆斯基将那些他认为围绕语言的创造性对心灵和语言探索提出的问题开展研究的研究者称为"理性主义者",将不这样做的研究者称为"经验主义者"。在这篇序言中,我给乔姆斯基"理性主义"标签增添了"浪漫"一词,旨在强调研究日常语言的创造性的意义及语言的创造性在人类思想和行为中的作用:就像他所关注的浪漫主义者一样,他所喜爱的理性主义者也把自由的思想行为视作日常生活的核心。他们依据自己的心灵观努力证明语言创造性的可能性。对他们,尤其是对乔姆斯基来说,语言是心灵/大脑的一部分,了解语言的本性对解释心灵/大脑至关重要。

[①] 16世纪末,胡安·瓦尔特就谈到了语言的创造性(见第93页注[①]),但他并没有像笛卡尔那样意识到语言的创造性对心灵科学研究的影响。

乔姆斯基在《笛卡尔语言学》中关注的创造性并不是科学领域中的创造性。原因有二:一、《笛卡尔语言学》专注于使用的创造性,而科学家通常则会尽量规范他们使用专业术语的方法。二者的区别非常重要,下文我会讨论这一点。

二、《笛卡尔语言学》一书中的创造性所依赖的是已经存在的概念——通常是天生的。科学的创造性涉及新理论的提出以及新概念通过新理论的提出。乔姆斯基自己的科学研究就是一个例证。他开始从事语言研究时,绝大部分语言研究是在做分类描写——就如沃热拉在《笛卡尔语言学》中所说,此时"科学家仅仅是个目击者",他无法证明自己所用的描述"工具"是否合理。乔姆斯基放弃了这种动机不恰当的研究,并启动了新的研究,创建了现在这种形式的语言学。新的研究包括构建和完善乔姆斯基如今所说的"计算"科学。这门科学是对语言习得和句法组合的"生物机制"进行形式化的研究。

《笛卡尔语言学》一书的重要性体现在下列方面。首先，这一著作将乔姆斯基构建语言科学的努力置于更广阔的历史语境中。这并不意味着是要把这一著作置于人类知识的历史长河中，相反，本书内容简短，所讨论的人物也十分有限。[①]但是，这本著作对历史人物的作品的阐述充满了真知灼见，并且发现和讨论了常常被忽视却又明显相关的历史文献。同时，这本著作复活了持续了几个世纪的争论，这一争论（1966年以及现在）依然存在于认知科学领域。

　　其次，该著作有利于我们理解隐藏在乔姆斯基及其他理性-浪漫主义者语言心灵研究策略和方法背后的基本观察。这些观察可分为两类。一是"刺激的贫乏"，即心灵习得丰富的、结构化的认知能力（如视觉或语言）时所获得的东西与心灵形式这种能力时所接受的少量、贫乏的输入之间的差距。二是"语言使用的创造性"，即人们包括小孩使用语言的方式是无前因的和具创新性的，同时又很恰当。《笛卡尔语言学》一书对语言的创造性进行了广泛深入的讨论，比乔姆斯基的其他任何著作都更关注语言的创造性。书中探究了语言的创造性对心灵科学的意义、对人类行为的解释力，以及对

[①] 1970年乔姆斯基与米歇尔·福柯在荷兰电视台进行了辩论（埃尔德斯做了文字记录1974:143）。乔姆斯基在其中这样描述自己对笛卡尔和牛顿等历史人物的文本的兴趣："我并不是以一位科学史家或哲学史家的身份看待古典理性主义，而是从完全不同的角度看待它。我已经有了一系列科学观念，我的兴趣就在于观察早期的人们如何逐步摸索出这些概念，也许在其摸索的过程中他们还没有意识到前方究竟是什么。……有人可能会说，我看待历史的态度跟古文物研究者的态度不同。……他们的兴趣是去发现17世纪的思想，并准确解释这些思想。我并不是要贬低他们的活动，只是说我并不这样做。相反，我是从艺术爱好者的角度去看的，我希望能以这样的视角在17世纪的历史中找到那些有独特价值的东西，找到那些已经实现了其价值的东西。……因为我理解的角度有所不同。"

政治学、教育学、美学，特别是诗学的广泛影响力。通过描述语言使用过程中人人皆用的创造性（语言参与的思想和行为中所存在的创造性），书中突显了科学似乎难以解释的一种日常现象。人们创造性地使用语言，同时又循规蹈矩地使用语言。这种循规蹈矩似乎也是自由意志的活动。若真是这样，在决定论或随机论那里非常有效的科学工具不能描述或解释语言的使用就毫不奇怪了。自由的行为尽管独立、不受限制，却是恰当的，因而并非随意而为。对于乔姆斯基和其他理性-浪漫主义者而言，这就意味着构建心灵和语言科学应避免将之构建为人们如何使用心灵特别是如何使用语言的科学。不要试图建立语言行为的科学。事实上，鉴于语言极大地影响和塑造了我们的理解和行为，因此也应避免建立普遍的行动和行为的科学。

这并不是说人们不应该构建一门（实际上是多门）心灵科学，而且这并没有阻止理性-浪漫主义者建立心灵和语言的科学。笛卡尔是理性-浪漫主义者的例外，这令人困惑不解。[①]

语言、视觉或面部识别等领域都存在刺激贫乏现象。这些事实表明，至少可以对心灵的部分成分做科学研究。这些事实似乎也告诉我们，像心脏、肝脏一样，心灵由自然发育的内生系统组成。遵循这种思路的研究被称作"先天论"，理性-浪漫主义者就是先天论者。除笛卡尔外，遵循先天论路线的理性-浪漫主义者基于这样或

---

① 笛卡尔是一个有趣的例子。想要了解这一问题的读者可参看序言第三部分对笛卡尔贡献的讨论。笛卡尔贡献很多，其中之一就是提出了视觉计算理论的基本原理。然而，令人困惑的是，尚不清楚他为什么没有把视觉计算理论所获得的成功（当然是有限的）当作证据来说明其他各种心灵活动也可以用别的计算理论来解释。笛卡尔之后，波尔-罗雅尔派语言学家，试图建立这样一种语言理论，并在当时取得了长足的进步。

那样的目的构建了各种关于心灵各组成部分(习惯上称作"官能")的理论。这些理论具有普遍性和客观性,也取得了不同程度的成功。心智官能(现在我们称作"模块")的工作机理似乎是确定的。至少理性-浪漫主义者一直致力于研究各种官能的决定因素,也取得了很多成就。这些研究包括笛卡尔尝试建立的视觉计算理论、波尔-罗雅尔语法学家试图建立的普遍(哲学)语法、库德沃思对"内在认知能力"本质的思考,以及洪堡特为解释创造性提出的心灵机器。20世纪50年代中期后,相关研究取得了长足的进步。大卫·马尔、乔姆斯基及其合作者们建立了成熟的关于视觉和语言的先天论科学。这些显而易见的成就以及早期理性-浪漫主义者的一些有限成功似乎都告诉我们,建立心灵/大脑的各个部分的科学是可行的,尽管仍不能建立人们应对世界和处理问题时运用心灵/大脑的方式的科学。

倘若从大脑外部着手研究人类复杂的行动和行为就极有可能面临失败。这就告诫心灵科学家应该关注"大脑内部"的东西,研究特定个体大脑的形成和"内容",即它是如何"生长的"。乔姆斯基称这种心灵研究思路为"内在论"。因此,理性-浪漫主义者研究心灵时除了取先天论之路外,还取内在论之路。语言的创造性这一现象表明,内在论有可能是会被充分证明的唯一研究路径。当然,有一些(尽管不是全部)大脑科学的证据来源于对人们行为的观察。以语言为例,这些证据包括人们如何阅读句子、何时何地使用句子等等。然而,内在主义理论显然不是这类证据的堆砌,而是研究大脑里到底有什么以及大脑到底如何工作。这就涉及到心灵官能或模块的运行机制、内部的输入和输出,以及这种官能如何像其他有机体那样逐渐生长和发育形成的。需要提醒的是，这并不是说理性-浪漫主义者倡导的先天论和内在论不谈论语言的创造性行为和行动。正如前文所言，这些研究不仅能告诉我们心灵中的什么成分使语言的创造性成为可能，也能解释为什么受语言影响的创造行为是人类所特有的。

近年来，乔姆斯基研究心灵和语言的方法称谓从"理性主义"变为"生物语言学"，从事此项研究的学者包括乔姆斯基本人也被称为"生物语言学家"。称谓的转变凸显了乔姆斯基构建语言科学的初衷，即一直致力于建立符合某些自然科学如生物学范式的语言科学。这是因为生物学本身能够解释语言为什么是内在的、为什么是人类特有的、语言是如何发展的。不过，生物语言学研究范式只是理性-浪漫主义先天论和内在论研究范式的升级。刺激贫乏和语言的创造性等现象仍然值得探究。理性-浪漫主义研究策略在生物语言学研究实践中仍然存在，且相当有效。

第三，《笛卡尔语言学》一书指出了语言的创造性在几乎所有人类活动中的核心作用。不同于没有语言的生命体，人类对任何事情、在任何地方都能思考和表达，且确实在思考和表达。人类会猜测，会琢磨，会疑问，会质疑，可以在陌生或不熟悉的情境中表达自己，可以合作执行方案，可以在不同环境中生存，可以幻想，可以娱乐等等。总之，人类的认知能力要比其他生物体的认知能力灵活许多。我们可以适应环境，解决（创设）问题，而这一切都远超出了其他生物体的范围。我们可以创造艺术、阐释艺术，可以建立各种宗教、提出各种宗教阐释、可以发展自我、发展文化。显然，在这一切活动中，语言的创造性发挥着核心作用，是语言官能的运行使人类具有这一独特特征,使人具有了属于人的本质特征。语言天赋带给我们的启示并没有在奥古斯都·威廉·施莱格尔、洪堡特以及他们的追随者——乔姆斯基等人身上消失。有些启示与政治有关,我会在序言的其他部分中做简要的讨论。

序言包括四个部分。第二部分详细讨论理性-浪漫主义的心灵观所处的地位以及乔姆斯基对此问题的研究,并且解释自1966年《笛卡尔语言学》出版以来理性-浪漫主义的心灵观以及乔姆斯基的心灵观如何演变为现在的生物语言学。我也把这种观点与经验主义的心灵研究方法做了比较,重点讨论了经验主义当下的一些思想。目的之一就是希望重视笛卡尔对创造性现象的观察。我认为,近年来,严肃地对待语言的创造性和刺激贫乏的现象推动了心灵研究和语言研究,并取得丰硕成果。第三部分介绍笛卡尔,讨论他的成就与不足。第四部分简要谈谈语言和心灵的生物语言学研究对政治和教育的意义。

看到这里,读者可能想急切地去阅读乔姆斯基内容丰富的文本,那就先转到第二部分去详细看看心灵研究的理性-浪漫主义方法以及自1966年以来乔姆斯基语言研究所取得的成就。读者现在阅读第二部分也有可能只是想大致了解一下理性-浪漫主义,看看为什么理性-浪漫主义推动了心灵科学的发展,而经验主义方法却失败了。第三部分和第四部分适合于对笛卡尔的独特贡献感兴趣的读者,也适合于想了解内在论和先天论对政治和教育有什么意义的读者。

《笛卡尔语言学》第三版与之前的第二版一样只有英语,但是在1966年的初版中,乔姆斯基引用他人的著作时保留了法语或德语。大部分引文若当时有译文，乔姆斯基便使用译文。

第二版修订时，为了顾及读者，苏珊-朱迪思·霍夫曼翻译了初版中剩余的德语部分，罗伯特·斯托霍夫翻译了剩余的法语部分。同时，初版引用的笛卡尔的法语译文也用后来更好的译本取代。这些译文主要选自约翰·科廷汉、罗伯特·斯多瑟夫、杜格尔·默多克、安东尼·肯尼翻译的剑桥版《笛卡尔哲学著作集》三卷本，其中安东尼·肯尼只参与了第三卷的翻译。所有译文都尽量做到既遵循原著的意义，又能跟乔姆斯基的术语相吻合。但是为了清晰地再现乔姆斯基引用原文所传递的意义，有时需要对所引译文做些细微调整。我不敢保证，或许任何人都不敢保证，这些译文或调整能准确把握原文所传递的意义。当然，我相信这些修订基本上能满足学者和学生的需要。在此特别感谢斯托霍夫和霍夫曼两位教授的辛苦付出。最后，我还想感谢史蒂夫·麦凯，他是我以前的研究生，现在已经是教授了。该书第一版没有索引，第二版修订时史蒂夫编写了索引。第三版中的索引就是在他的基础上增补而来，收录了序言中提及的关键词。

提醒大家注意这些规范：乔姆斯基的注释在序言注释之后。编者对乔姆斯基注释的注解用方括号（[…]）标注，这些注解绝大部分是为进一步学习提供的建议。乔姆斯基参考的文献和页码仍然保留原样，编者增补的部分采用"作者，年代：页码"格式。我还增补了1966年之后的参考文献。

我由衷感谢乔姆斯基。2008年初，他通读了序言部分并提出宝贵建议。这些建议促使我对序言部分做了多处修改和完善。文中有两处地方我直接引用了他的原话。我还特别感谢锡德里克·伯克思、奥兰·马加尔和尤哈尼·于利-瓦库里,他们也阅读了序言的初稿。尽管如此,文中难免仍有讹误,当然这些错误的责任在我。

2. 心灵科学与语言科学

2.1 语言的创造性与刺激贫乏:内在论、先天论及其批评

理性-浪漫主义者与经验主义者持有不同的心灵观,当然也遵循不同的心灵研究范式。他们对心灵的"形状"和内容、大脑之外的世界在塑造心灵以及赋予心灵内容的过程中所发挥的作用也持有不同的观点。经验主义者认为,我们所获得的大多东西是通过学习得来的,至少"高级"概念和认知过程的获得是通过这种方式得来的。理性-浪漫主义者对此持反对意见。他们认为,大部分内容是与生俱来的。[①] 比较各派的观点目的就是要凸显它们各自的特征,

---

① 请注意,此处乃至全书中"理性主义"和"经验主义"的称谓是一些特定的心灵观的称谓,是科学地研究心灵的方式的称谓。研究心灵时,理性主义者主张先天论和内在论。经验主义者反对先天论,并认为研究心灵必须研究心灵所处的环境如何"塑造"心灵,如何赋予心灵以具体的内容。

有时,很难把历史上的或现代的一些人归入某个阵营而不是另一阵营。例如,休谟(通常被看作是经验主义者)认为,我们通过学习获得更高层次的概念和语言,学习过程等同于某种形式的联想组合。这些组合通过长时间地重复类似的经历或"印象"而固定下来(这显然是一个通用的学习机制)。他还认为,至少部分心灵运算似乎是自动进行的,是通过"神秘的力量和原则"以规则的方式来运作的。例如,他指出,人类似乎能够理解任何新的行为,并能依据规则来判断这些行为是否妥当。对于休谟所主张的神秘的力量和原则(他拒绝说出到底指什么),一种解读就是,认为他本质上是位先天论者(至少在某些领域如此),不过,由于持怀疑论立场,这使得他不能去探究那些内在的力量和原则是什么。另一方面,杰里·福多自称是理性主义者,而且确如其他理性主义者一样,还是位先天论者。然而,对于心灵和心灵研究,他却持非内在论立场,这符合

让我们思考哪一派更有前景，哪一种研究范式更能走向成功。

为了弄清两派之间的差异，我们先看看它们各自如何理解两类心灵实体以及理解这些实体如何进入心灵——如何习得或学得这些实体。第一类实体是"原子"概念，诸如水、喝、冷，以及其他成千上万的概念，我们以多种方式使用这些概念来执行各种认知任务，例如描述、猜测、回忆、讲述等等。另一类实体是支配心灵工作的规则或原则，即心灵如何把由语词所表达的基本概念组合成由短语和句子所表达的复合概念，诸如"喝冷水"这样的无数短语，又如"珍妮只喝冷水"这样的无数句子。人类，确切地说是人类的心灵，会按照规则组合起这样的复合概念。[①] 理性-浪漫主义者认为，心灵

人们的预期，把心灵研究看作是表征（指谓、指称）系统研究的人通常会持这样的立场。当然，他没有依赖广义学习程序，但是按照我贴标签的惯例，肯定就要收回发给他的理性-浪漫主义资格证了。乔姆斯基显然属于理性-浪漫主义阵营，他既是一名先天论者，也是一名理性主义者。对于语言和语言使用，乔姆斯基反对"心灵表征论"，然而，按照福多的说法，要想成为认知科学家，心灵表征论是"唯一的选择"。乔姆斯基还极力驳斥经验主义者的"教条"，驳斥他们反先天论的、外在论的心灵观，驳斥他们的研究范式。行为主义者显然属于经验主义阵营。许多哲学家（尽管他们可能会回避这一称呼）也属于这一阵营。许多心理学家（和哲学家）自称是"联结主义者"，其实也属于经验主义阵营。联结主义倡导的主要观点是，对于语言和概念（想必是复合概念）而言，心灵借助广义学习程序的操作就能获得语言产出的形式和概念内容。他们认为大脑由"神经网络"组成，这一点并不是无关紧要的。将他们牢牢置于经验主义阵营中的是他们提出的神经网络的初始状态（非分化的状态，近似于洛克的"白板说"）以及神经网络获得"内容"的途径（通过训练、学习）。如下这点并不令人感到惊讶：许多联结主义的工作试图表明，某些属于理性-浪漫主义理论的规则可能是神经网络"学"来的，而神经网络由广义学习程序所塑造，广义学习程序则包含着"训练"。

① 人们（借助心灵所提供的东西）把许多句子组合在一起，构成"故事"、"传说"、"描述"等。具体叫什么，取决于这些句子所要完成的任务。本文不考虑这些。故事显然不是天生的，人们也不会去学。人们有语言，会构造句子（以句子形式存在的概念复合体），这样才能讲故事。问题的核心是人们如何习得概念，如何习得把句子组合在一起的组合原则。

中的概念及这些概念在语言和思想中的组织方式很大程度上是与生俱来的。他们还认为研究心灵的正确方式就是构建各种关于这台内在心智机器的理论。这台心智机器把概念放在恰当的位置,或者"激活"这些概念,或以它所允许或需要的形式来安置它们,而这台心智机器对规则或原则做同样的事情——这些规则或原则规定了在句子所表达的复合形式中概念的组合方式。理性-浪漫主义者信奉先天论,认为概念以及把概念组成复合形式(例如由句子表达的复合概念)的方式都是天生的,隐藏在心灵中。信奉先天论的理性-浪漫主义学者们试图建立内在机制及其活动的理论,他们不把大脑外的任何客体纳入其理论体系,而是尽力阐明先天的概念是什么,组合机制是什么以及这些概念和机制如何在儿童自然成长的过程中得以发展。因此,理性-浪漫主义理论家也采用内在论的研究方法。

理性-浪漫主义者(对此尤其参见《笛卡尔语言学》一书中对洪堡特和赫伯特勋爵的讨论)指出,先天论和日常语言的创造性密切相关。"日常"语言的创造性及其重要功能在每个个体的早期就已经存在。语言的创造性体现在诸多能力中,如幻想、猜测、游戏、计划、思考与当下无关的事情,包括构建关于世界的"理论"的能力,如预测谁会赢得下一届大选或下一场球赛等等。理性-浪漫主义者认为,人之所以具有这些能力是因为成千上万的由语言表达的概念以及概念的组合方式是天生的,在其早期就已经存在。因此,儿童已经可以创造出新的句子,可以灵活使用这些句子。人人都可以在儿童身上观察到心灵的创造性,例如儿童常常使用新的句子来解释或行事。心灵的创造性不仅体现在言语中,也体现在其他情形中，例如用纸盒搭建房子时、幻想时、思考某种东西是如何工作时、猜测父母或其他孩子的意图时、用工具和玩具做实验时等等。关键是孩子这么小，创造力却如此惊人。他们可能只有四、五岁，通常更小一点。人们只能设想，在小孩那里和在成人那里一样，分类和思维所需的概念工具以及把概念组合成各种序列的组合机制在组合复杂结构之前就已经存在。儿童早期就展现出创造力，唯一的解释就是假设这些概念和组合机制是天生的。正因为这些概念、组合机制以及用少量经验就能激活概念的方式已经预先构筑在儿童心灵中，或构筑在基因和基因发育成长的过程中，我们才能很快地理解儿童的创造性，儿童也才能很快地理解我们的创造性。这一切都是天生的，这是我们彼此理解的基础，儿童也不例外。我们可以把内在概念设想为语词（用专业术语说则为"词项"）的意义，这些概念构成语词的"内在内容"（或"固有内容"）。

第一部分提到，理性-浪漫主义者还强调，创造性与他们采用内在论范式来研究心灵的决定之间的关联。设想一下，如果人们决定构建关于语言和概念使用的某个有意义的且重要方面（即用语言指称世界）的理论（现在是构建一门科学，并不是预测足球比赛结果），会发生什么？这至少不仅要关注大脑中的语词和语词组成短语和句子的方式，还要关注这些内在的实体和外部世界的事物及事物的类别之间的关系。这样做就扩大了理论研究的主题，不仅包括了心智实体（心智概念等），还包括了世间的事物及其类别，或许还包括事物的属性等。这样做还要求大脑内外之间具有"自然的"、确定的关联，而这种关联或许是由诸如生物生长这样的机制来决定的。鉴于存在着创造性，在大脑内外之间建立关联就非常困难，极有可能是无法完成的任务。人们无法找到"决定"句子的使用所需的大脑和外部世界之间的确定联系。①

当代许多哲学家如普特南、克里普克、伯奇、福多等认为，要弄清楚语言如何具有意义，语词如何具有意义，人们必须假设至少有一些名词和事物之间具有确定的联系，如单一事物对应于专名，一类事物对应于通名。名词和事物间的关系必须是确定的，或者涉及可确定的选择，否则理论构建就会失败。基于此类假设，名词和事物间的这种假定的联系常常被称作"指称"，有时也用"指谓"或"意指"等术语。用克里普克形象的术语来说，人们认为，名词，至少是部分名词，是有"严格的"指称的。通常的语言创造性现象对试图构建要求大脑与世界有确定关系的意义理论提出了严重挑战。如果你认为意义依赖指称，并且想构建语言的意义理论，那么你就会希望每个名词都有确定的指称。或者你如果像弗雷格(1982)那样，认为指称关系十分复杂，语词首先与意义(弗雷格认为意义是一个抽象客体)相关联，意义反过来确定指称，那么你就会希望每个名词有唯一的意义，每个意义有唯一的指称。否则，你的理论就必须允许存在各种复杂的因素和极易变化的因素。这些因素出现在人们出于不同目的运用语言的过程中，也出现在人们试图理解他人的言语行为所意谓的东西(他们用言语行为意谓的东西，包括他们想意指的东西，如果有意指的东西的话)的过程中。还必须考虑说话人意图的变化，考虑语词被要求做的事情(如告诉他人如何去

---

① 尽管外界到大脑这个方向确实存在自然确定的因果关系，但是理性-浪漫主义理论家对此毫不担心。这类关系是习得研究的重点，而不是语言使用的重点。

芝加哥,如何评论一件艺术品),考虑交际的环境,考虑反讽而不是平淡的描述,考虑虚构而不是事实,如此等等。为了确定具体的交际情境,人们必须言明什么可以算作是(用哲学家斯特劳森的话来说)"目前最令人感兴趣的话题"。①人们很难用大众一致理解的方式说明白这些话题是什么,除非只有说话人一个人努力完成一项容易理解的任务。但是,这种极端案例与哲学家思考的语言的概念、意义和指称等毫无关联。一般来说,即使是直截了当的描述或很少人参与的交流也无法明确确定一切,因为确定了就意味着语言使用也被固定了。不幸的是,你在这些希望之上建立了理论,但人们根本不在乎你的理论要求,人们不想要确定的用法,也不会产出确定的用法,即便是名词也不例外。②这一点笛卡尔曾经指出过,乔姆斯基在《笛卡尔语言学》和《语言和心灵研究新视野》(2000)等著作中也指出过。人们在解决日常实际问题时至少能理解一些不合理论的自由用法。虽然人们的创造性不符合理论家们期待的规范甚至确定关系,但人们从中受益良多。人们喜欢以各种方式使用语词,既(符合交际需要)能被人理解,又恰当得体。显然,像不断往流水线上放置小物件一样,总是用相同的方式使用语词,不管是名词还是其他词类,总让人觉得单调乏味。总之,不管出于什么目的,

---

① 2007年10月30日乔姆斯基在哈佛做讲座时,概述并捍卫了语义(意义)研究的内在主义观。演讲中,乔姆斯基强调了斯特劳森(1950:336)的这段话。

② 当然,人们可以引入"专有名词"这个专业术语,并规定一个专有名词对应唯一一个实体。你可能还要引入"实体"这个专业术语。但是,你不能指望说服理性-浪漫主义理论家认真看待你提的专业术语,因为他们的目的是构建自然主义的语言和语义理论。

也不管在什么情形中，没有什么确定的东西能决定人们必须怎样使用语词和怎样理解别人使用的语词。语言的使用是人类行为的一种，但是语言的使用看起来像是一种自由行为，具有创造性和独立性，同时也具有连贯性和恰当性。

克里普克等哲学家的研究深深吸引了一批人。他们认真地为将专名看作"严格指示词"的做法寻求理据。他们可能认为除严格指示词外没有任何东西可以解释这样的现象：对迪克·切尼持有不同看法的人们如何能依然使用"切尼"一词，并期待别人知道他们指的是谁。由于对切尼有不同的理解，人们就不能依赖他人对切尼的认识或假设。因此，一定存在某种指称关系，根本不依赖于人们对切尼的了解或理解，也不依赖于人们想指的其他客体或事件。但是以此来说服理性-浪漫主义者仍然不足为凭。言语语境或作者控制的文本语境①之外的任何东西都不能先行确定指称。这里所谓的先行是指先于说话人使用语词指称，或先于其他人使用其一切资源理解说话人的话语。我们无法确定别人"大脑中有什么"，尽管我们所拥有的资源常常能充分证明别人大脑中有什么对于实现交际目的并不重要。这些资源包括相同的生物基础、环境、社团、兴趣，还包括选择与听话人相同的音义结合的语词等等。通常来说，这些资源已经十分充足。他们（不是指语词而是指人）以及可以理解说话人的那些人必须尽可能通过使用所掌握的资源把自己置于说话人的位置去寻找说话人大脑中的东西。

---

① 请注意，哲学家和其他学者在演讲和论文中所提供的语境在很大程度上是受演讲者或作者控制。毫无疑问，这些演讲和论文倾向于构建能捍卫自身内容的合适语境。

那些认为自然语言和"外界"事物"具有"指称关系的人面临两个困境。第一，很少有证据甚至或许就没有证据表明"外部"世界确实拥有指称确定论者所认为的"事物"。例如，伦敦是由土地上的一系列建筑物组成的，但是伦敦（相同的"事物"）也可能会为了躲避洪灾向上游迁移。又如，乔姆斯基出版了《失败的国家》一书，约重 0.5 公斤，而且（用了 0.5 公斤的纸浆的）这本书（因为有论证）令人信服。我家书架上有这本书，我学校的图书馆也收藏了这本书。再如，特修斯建造了一艘船，替换了原有的木板，这些旧木板又原样重新组装。特修斯之船就成为重建的模型，而不是重新组装的船只。人类理解事物的方式受到概念资源的限制，而概念资源既允许存在抽象的东西，也允许存在具体的东西。例如，概念资源可以是纸浆，也可以是信息，可以是一，也可以是多，可以是所有者或责任者，也可以是物质成分。这仅仅是无数示例中的一个。这些例子表明，我们"制造"世间事物以适应我们的概念资源，判别"事物"没有什么客观标准，全凭我们的兴趣。我们依据惯例给人命名，但是像迪克·切尼这样的人"是"谁？洛克将人定义为一个"医学"概念，这个定义既满足了让人为自己行为负责的需要，也维持了心理认知上的连续性。普遍地看，构成我们通常理解的世界的事物和类别，并不是科学中界定清晰的实体。例如，指称论者最喜欢讨论的水指什么？水确定是 H_2O 吗？乔姆斯基(2000, 1995a)列举了大量的例子说明自然语言使用者谈论或思考水时，头脑中并没有科学家所说的 H_2O 这样的东西。我们可以毫无困难地说水加热放入茶包就变成了茶，水可以洗澡、洗东西，水或许是干净的或许不是。河里流淌的水不管有什么，即使主要是污染物，依然是水。水可以平静无波，也可以波涛汹涌，如此等等。宇宙（小行星等天体）中的水大部分像玻璃一样清澈透明。但是如果玻璃杯是用水制作的，我们喝水时并不会把杯子也嚼掉。基于这些示例以及其他类似的例子，乔姆斯基说"水是 H_2O"并不是英语句子。他的说法令人费解。之所以这样说并不是因为 H_2O 是化学分子式，而水是我们自然语言的"水"所要表达的。如果对此还有所怀疑，可以看看乔姆斯基列举的音系学中的类似例子。音节 /ba/ 存在于我们的头脑，而不是在"外界"。人们一般认为，语言的声音在"大脑"中，而不是源于嘴巴。说话时嘴里发出的是压缩和解压的空气，并不是 /ba/ 或 /ta/。"外界"没有 /ba/ 或 /ta/，同样外界也没有伦敦。[①]

第二个困境是，自然语言似乎没有哲学家或其他学者所称的"专名"（"直接"指称单一实体的名词），也没有"水"这样严格指称的通名。语言（个人头脑中的语言）当然有名称，它是表达的句法语类。句法语类或许是，亦或许不是语言理论的初始概念。名称倾向于至少有某种意义。例如，大多数人听到摩西、温切尔这样的语词时自然会赋予它们人名这样的概念特征。他们的词库可能还会给特定名称赋予更多的内涵。不管赋予的是多还是少，名称都有意义，都"表达概念"，至少具有一些语义特征。名称的意义不同于专名的意义，也不同于哲学家讨论的具有严格指称的名称的意义。由于名称有意义，我们很难理解为什么有人会认为自然语言的意义理论需要探索大脑外部的世界。

[①] 洪堡特就像笛卡尔、库德沃思和其他理性-浪漫主义传统追随者那样，提出了相同的观点（详细讨论见《笛卡尔语言学》开头和结尾）。

或许我们可以这样来解释这一困惑：像科学研究或科学家的实践一样，语义理论也常常误导自然语言的研究。熟悉一个人及其环境，以及依赖民俗理论或其他常规的方法等等对理解数学和自然科学中的专业内容毫无帮助。但是，对于研究人员（如数学家和科学家）来说，指称就是确定，他们使用的术语似乎确实"由它们自己来指称"。这并不是因为这些术语的符号真的"由它们自己来指称"，而是因为如弗雷格所说，所有研究人员都可被认为"掌握了相同的意义"。不管是数学，还是基本粒子物理学，抑或是形式语言学，研究人员会用这些意义去描述研究课题中的实体或实体类型的特征。一个证明是否成功，一个假设是否合理，研究人员可对之持有异议。但是做科学研究或数学研究时，可以认为人人都知道说话人谈的是什么，指的是什么。物理学家彼此谈论的手征反常概念是相同的，数学家彼此谈论的阿列夫零也是相同的。不管是哪个概念，学者们都在尽力说"相同的东西"。就像乔姆斯基所说的，这是因为在数学和自然科学领域，人们可以找到这种相同用法的严格的"规范"。但是，在自然语言的使用中人们找不到这样的规范，人们在自然语言中运用、享受语言的创造性。说话人每天谈论的并不是相同的事情。弗雷格的语义理论假定存在着这样的社团，社团内共享思想，共享表达思想的符号，并假定使用特定的符号谈论相同的事情时有规范可循。乔姆斯基（1996，第二章）指出，弗雷格的语义理论与数学和自然科学可以融洽相处，这不足为奇。但是弗雷格的语义理论与自然语言格格不入，许多哲学家和语义学家想把弗雷格的语义理论应用于自然语言，不过，这是一项非常困难的任务。

对于严格规范，戴维·刘易斯使用"公约"一词（假定交际和合作中需要规约),塞拉斯及合作者使用确定的"实践"一词。但事实上并不存在这些严格的规范,[①]日常言语也不需要这些规范。人们有很多资源来解释意义,说话人和听话人也会努力约束自己。这并不意味着我们不能构建关于自然语言的意义理论,而是说意义理论必须是内在的。

总之,在进行指称的个体之外,并没有指称。与外部世界(甚至自然语言表达的概念所理解的"外部世界")的关联是通过实际使用建立起来的。科学领域如此,日常交流同样如此。尽管在科学和数学研究中,实际应用已经被规范,十分接近弗雷格的语义理论构想,即允许将个人的贡献理想化或忽视个人的贡献。这些认识把乔姆斯基这样的内在论者置于异常的位置。乔姆斯基反对(在一些语言学家和哲学家中)非常流行的弗雷格语义模型(即"语义理论"),也反对福多所说的"心灵表征论"。自然语言的指称涉及人们在不同环境、不同工作、不同兴趣中使用自然语言的称谓,如"伦敦"。如果你认为自然语言的指称并不是科学研究的恰当对象,那你一定也认为使用自然语言表征外部世界也不是科学研究的恰当对象。你也一定会放弃或重新阐释当代"认知科学"中的大部分内容,至少包括自然语言的语义学(认为自然语言与外部世界存在关联)这部分内容。或许正如福多指出的那样,概念表征理论(实质上仍是弗雷格的语义理论)是"唯一可选"的理论。然而乔姆斯基和

[①] 例如,也许有"hi?",但也有"hey there"、"hello"、"greetings"、"welcome",更不用说目前受欢迎的一些表达,如"dude"。这些表达或其他可能的问候语(或其他少数几个用法规范的例子)都不支持刘易斯和塞拉斯所说的公约和实践,更别说他们的语义观点了。

其他（一些）当代理性-浪漫主义者似乎都在心安理得地从事认知科学的研究，探究完全内在确定的概念/意义。我想这是因为他们知道可以用非表征的自然科学方法研究语言、研究语言为心灵提供了什么（可能是以"语义特征"的方式）。他们认为这样做足以构建关于自然语言的意义和意义构成的理论。这样他们就能心平气和地看待不能确定的心灵-世界的关系，比如指称和指称之物的关系。①的确，他们可能会非常想坚持，视觉科学或其他心灵理论不会遵循福多的表征论。②大卫·马尔的《视觉论》中的"点块"指向外部世界了吗？当然没有。马尔的三维"表征"也没有。再想想上文提到的音系学（一门内在论科学）中的 /ba/ 和 /ta/ 这两个音节。有意思的是，乔姆斯基认同哲学家维特根斯坦的观点（乔姆斯基在写《语言理论的逻辑结构》一书时参考了维特根斯坦的后期著作，也阅读了奥斯汀的著作。这本书认为，语言是自然工具，语言工具的使用方式多种多样）。维特根斯坦（1953）认为语词和语句是"工具"，我们使用这些工具从事日常工作，语词和语句的意义就是语词和语句所完成的工作。他还认为，想知道表达式 E 对某人 P 意味着什么，就需要明白他如何使用表达式 E，也就是说要弄清楚表达式 E 在 P 所执行的任务中发挥了什么作用。维特根斯坦继而推论说，由于人

---

① 动物交际经常会相对固定地使用交际系统所提供的手段。如果真是这样，这也与自然语言的使用关系不大，或者说根本没有关系，就更别提与人类语言的关系了。

② 乔姆斯基和马尔称自己的理论为"表征"理论，但可以肯定的是，乔姆斯基的表征跟福多的表征概念无关；而且我想说马尔的表征同样如此。福多的表征概念相当于"重现"。的确，我们经常用视力来辨认方向，应对周边环境。但这些只是语言使用中偶然的、微不足道的一面。这两种理论都不是"关于"世界的理论，关注的都是头脑中发生的事。

们以多种方式使用语词和语句，所以最好的做法就是描述人们在某一场合如何使用语词。他提出，如果认为可以在语词的使用方式中找寻到语词的意义，就不可能构建意义理论。维特根斯坦和乔姆斯基在这一点上观点一致，二者都认为人们使用语言表达的方式的一致程度不足以支撑理论的构建。因此，如果认为从表达的使用角度考虑意义，就不可能建立语言科学。至此，乔姆斯基与维特根斯坦的看法一致。但是对乔姆斯基来说，这只是表明构建意义理论时走错了方向，应该研究大脑的生物结构。维特根斯坦的告诫基本上被忽略了。刘易斯和塞拉斯等哲学家及其他无数学者（或许他们心里想着数学和科学实践）只是简单地假定，语言使用的一致性比看上去的要多，同时假定事实上并不存在的使用规范和统一实践。我们在讨论指称时已经说过，这并不是好的策略。乔姆斯基等内在论者则另辟蹊径研究这些问题。他们不从使用的角度思考意义，而是探究语词和语句内在的、理论上具体的特征。这些特征仍然属于"工具"。具备这些本质特征，就可以按照我们所看到的样子使用语词和语句。换言之，他们并不是在解释人们如何使用语词，而是探究语词的创造性使用如何是可能的。理性-浪漫主义者认为，之所以可能，仅仅是因为内在系统为人们使用语言提供了丰富的结构化"视角"。这些视角既有形式又有特征。这些形式和特征来自于句法的功能（即把词汇组合起来）以及语词的语义特征（即构成语词的语义特征）。这些语义特征源于心灵内部。这些形式和特征有助于塑造经验和思想，同时给经验和思想"赋予了意义"。

现在我们把重点放在理性-浪漫主义研究语言的策略上，并假设语言官能是一个内在的模块系统。受有机体发育因素的约束，该系统有确定的运行方式。该系统是内在的，依照确定的方式运行，按照生长的具体条件发展，因此建立关于这一系统的理论就成为可能。这一理论的目标是描述和解释语言官能的内在运行机制，同时假设这些机制就是处理心智词典中各类词项"信息"的一系列程序。依靠将词项组合在一起的程序以及词项所包含的信息，该理论就可以生成语句表达式。一个语句表达式包含声音和意义，可视作是声音信息和语义信息的组合对。每种信息都可以在声音界面（语音界面）和意义界面（语义界面）这两个界面上被其他相关的内在系统"读取"（"理解"）。声音信息由感知-发音系统使用，从而产生不同频率和振幅的压缩气流（抑或就和思想一样仍然留在"大脑内"），或者"解码"耳朵所接收到的信号。意义信息由"概念-意念"系统使用，（在其他系统的协助下）去处理人们的需求、向某人提问或试图找出手表坏了的原因等等。语义内在论不关注词项的语义信息是如何被大脑中的其他系统"读取"的，而是关注以下几个方面：(1) 用理论术语描述词项包含的各类信息。(2) 解释如何获得这些信息（这是在回答柏拉图问题，即词项音义的习得问题）。儿童很快就习得了"语词"，这为我们提供了大量刺激贫乏的事实。鉴于儿童习得语词的速度（2-8岁醒着的每小时大约可以学一个单词）、词项"声音"信息的具体特征以及语义的复杂程度（超过了词典中的详尽记录）等，我们不得不假设存在某种内在机制。最具挑战性的机制或许是如何把词项"意义"（相关的语义信息）组配起来。这项机制一旦明确，就成为柏拉图语词习得问题答案的重要组成部分。(3) 我们必须解释词项的语义信息如何被句法原则组合起来（即句法产生组合理论）。(4) 我们必须说明语义界面向其他系统提供了什么，包括组合过程中发生了什么变化。这一切都需要完成，同时还要满足自然科学研究的规范（详见下文的讨论）。尽管完成这一切任务任重道远，但是我们已经取得了一些进步。至少现在比50年前更清楚句法的作用是什么，更清楚该如何解读语言在与心灵的其他部分相接的界面上所发挥的作用。我们在语义特征研究方面也取得了一些进步，不过仍然有很长的路要走。尽管如此，就像天赋指称论或语言使用社会决定论认为的那样，一切皆有可能。

不严格地说，人们可以把词项提供的语义信息视作语词概念，把在语义界面组合而成的语义信息视作语句概念。这就抓住了基本思想：概念是人们向他人提问或猜测手表为什么坏了（手表可以用来干什么）时所使用的内在工具。内在的概念工具就是我们用于分类、思考、猜测时所使用的工具。内在语义论会详尽描述语言官能对概念工具的作用。这些作用似乎是实实在在的。毫无疑问，在认知实践活动中，句法给予我们灵活自由。这一点本来需要做更多的说明，但在序言中就不赘述了。内在语义论可以更进一步说明为什么我们认为语词和语句"有意义"。语词和语句之所以有意义是因为它们为我们的实践提供了工具。

若与外部世界的语义关联在内在语言理论和语义理论中没有得到体现，那么，外部世界包括事物、事件、社会组织、人们的社会实践等必须以某种方式在理性-浪漫主义的心灵图像及其研究中体现出来吗？大脑之外的世界已经体现了，但是体现的方式并不能对理性-浪漫主义假设和建立在该假设基础上的内在论研究构成挑战。首先，如前文所述，人们使用概念思考和行事，如分类、描述、评估、抱怨、劝说等等，这些"外在化的"听觉或视觉方式为支持和反驳内在论提供了证据。但是，理性-浪漫主义者指出，理论并不包括其证据。操作主义论、工具主义论、行为主义认识论等等并不是理论，而是受经验主义倡导的方法论（而且这些方法论并不怎么样）。心智理论是内在系统的理论，包括其运作的算法或规则、其输入和输出以及内在系统获得这些规则的方式等等。

第二，毫无疑问，外部世界是语言系统/机体开始发展以及持续发展至稳定状态（词汇的增减除外）所需的输入或数据（即"经验"）的来源。正如在视觉发展的关键阶段如果不为其提供"恰当的"输入，视觉就不能正常发展，概念及概念的组合机制如果不接收一些"恰当的"外部输入也不能在儿童体内正常发展。具体到语言来说，如果不能为儿童心灵提供某一自然语言的输入，儿童就不可能正常发展语言。然而，输入的需求量非常小，这并不是说输入的绝对数量少，而是相对于所获得的量来说。同时，输入还可能存在错误。但是，儿童语言发展势头强劲，似乎"有捷径"。我们需要认识到，概念及其组合原则的形式或特征都不是输入的结果。对概念的需求或许是源于外部世界的激发或刺激，但是概念或组合系统的形式和特征是由心灵本身决定的，不是由外部世界或个体所处的社团决定的。心灵的发展运行会"告诉"需要哪种数据。一般来说，是内在发展机制而不是外部世界或社团规定激活成长所需的不同因素或外部刺激/模式等。①

正如前文所述，基于这样的心灵观和心灵研究，理性-浪漫主义

---

① 这需要对不同于常识的科学做一说明。科学概念似乎是由构建理论的人发明的。尽管跟概念相对应的"客观世界"仍然存在，但在做科学研究时，我们希望理论构建时提出的概念能够为我们提供一种更客观的（不以人为中心的）理解世界的方式。

者很可能认为,人们通过内在概念和组合原则对世界的认识与其说是世界"本身"之所是不如说是概念和组合原则的特征。如果需要给这种认识贴个标签,我称其为构建主义:是心灵"制造"了世界,而不是世界制造了心灵。在此提出这一点是为了凸显理性-浪漫主义和经验主义的区别。经验主义者认为,就大部分概念(或许不包括"纯粹的"感知概念)和组合原则而言,是世界塑造了心灵。

反对理性-浪漫主义的经验派认为,自然语言所表达的许多概念(如狗、房子、洗等等)以及把这些概念置于可理解的语句中的组合原则都不是天生的,而是习得的。这些概念和原则包括感知"特征"(洛克,普林茨(2002))、社会实践时人们参与的"行动"(指称)所发挥的具体作用、神经网络中的"链接强度"等等。无论如何,这些概念和"规则"是通过参与某种广义的学习程序而学得的(广义学习程序包括形成假设、验证假设、联想、训练程序、行为主义的条件刺激等等)。通过肯定和否定"证据"的不断重复和"反馈",这一学习程序最终符合社会、实验者、"世界"或其他设想的判断所接受的标准。无论如何解释,经验主义者认为,环境包括社会通过广义的学习程序来产出和塑造各种概念以及这些概念的组合原则("规则")。这一学习程序常常不仅涉及到(许多)感官的或低水平的输入或数据,还涉及到试错程序。错误常常被"否定证据"(如指出"这不对"或采取经验主义-行为主义式的批评或惩罚)所纠正。这种"否定证据"也许是父母或老师提供的,也许甚至(如他们所说)是由缺乏证据所提供的。经验主义者认为,学习程序完全可以让四岁的小孩习得成千上万的概念,学得本土语言的组合规则和结构限制。因此,经验主义者就假设,儿童的早期生活和语言使用集中于数据收集和训练,包括让小孩遵从"言语习惯"、"恰当"(指认知上的恰当等)运用或使用儿童语言训练者期待他们所展示的概念。这是因为人们发现儿童是在完全不同的时间点习得语言和成千上万的概念(取决于训练、训练者的资源、智力、兴趣、责任心等等),同时经历了不同的发展阶段等等。无论经验主义者怎么讲述学习过程,他们总是反对先天论,奉行外在论,认为上面提到的那些概念以及生成复合概念(即语句所表达的概念)的组合原则或"规则"是通过经验"外界"的事物和事件"习得"的。因此,他们必定认为,研究心灵内容一定不能脱离心灵所处的环境。对语言学习来说,心灵所处的环境就是"社团"的语言行为(我们应该尊重语言实践)。至少从这一点来讲,经验主义者奉行外在论。

此处有许多问题尚在争论。确切地讲,什么是广义学习程序?如果不是首先存在概念怎么假设概念的使用?什么算是相似的概念?什么又算是不相似的概念?从已经获得的知识延展到未获得的知识,类推机制如何工作?语言结构源自哪里?怎么可以充分地证明儿童已经习得部分或全部概念 {c1…cn} 或规则 {R1…Rn}?学习程序所需的训练者在哪里?即使有训练者,他们去哪里找时间?为什么儿童在特定的发展阶段完全忽视(事实上是听不见)父母的告诫:要说"went"不要说"goed"?我们的概念与外界缺乏关联这一事实能说明什么?为什么似乎只有人类的心灵才可以正常习得语言?为什么聪明的类人猿不管如何训练都不能获得类似于人类符号那样的语言?自然语言语句结构中的层级性源自哪里?为什么语言似乎只能有某些形式?儿童如何努力发展音位这样的概念?等等。经验主义所认为的这些或其他问题,乔姆斯基至少在

1957年的《句法结构》、更早的《语言理论的逻辑结构》(尽管该书是后出版的)以及1959年对斯金纳《言语行为》的述评中就已经注意到。他在《笛卡尔语言学》对"现代语言学"的评论中再一次批评了经验主义。下文我们会强调其中几点。

还有一个虽然相关但并不十分重要的问题。表面看,经验主义者难以解释儿童早期的创造性。可以观察到儿童能"掌握"日常语言创造活动所需的概念以及概念组合方式,鉴于此,经验主义者必须假设儿童已经习得了大量的东西(各种概念、声音及语言的组合规则);可是,儿童通过"广义学习程序"获得被社团认为是"正确的说话(分类、描写、解释、思考等)方式"肯定需要大量的时间。这就很难解释为什么所有正常的三岁半或四岁的儿童创造性地使用语言时似乎毫不费力。所有儿童如何在大致相同的时间以"普通的"方式展现出创造性,这让人十分费解。诚然,训练的密集程度、智力的差别、父母资源的不同、经验的差别等都可能导致儿童"掌握"所需的内容有不同的速度。日常语言的创造性似乎对经验主义关于心灵本质的看法和其心灵研究的方法提出了严峻的挑战。

如我所强调的那样,理性-浪漫主义和经验主义对心灵本性的不同看法和其不同的研究方法既围绕着一组简单的现象(每个人特别是儿童体现出了语言的创造性),也围绕着学习/激发的速度和时间以及输入的类别和数量。理性-浪漫主义的心灵观和语言观似乎遵循这些现象,其研究任务就是解释这些现象,或者倘若科学不可能解释创造性,就去寻找心灵是如何使之成为可能的。相反,经验主义在一定程度上并没有严肃对待这些现象和心灵研究的任务,他们似乎忽略了令他们震惊的事实。经验主义的心灵研究方法似乎对经验事实不负责任。

2.2 乔姆斯基的贡献：语言和心灵是自然客体

乔姆斯基的心灵观以及心灵研究方法与理性-浪漫主义先驱们的一样，这些先驱们（大部分在他们所处的时代是科学家）想必也一定会赞赏乔姆斯基的努力和成就。然而，不同于其先驱们的是，乔姆斯基终其学术生涯致力于把语言研究（广义上来说是心灵研究）转变为自然科学，最终使其成为生物学或其他自然科学的分支学科。（除其早期的努力外，他也得到其他学者的帮助，他们一道在乔姆斯基的假设下开展研究。）这项研究属于理性-浪漫主义心灵假设的一部分。倘若形成概念和概念组合原则所需的心智机器中的多数部件都是天生的，人们应该努力探索这台机器如何在儿童出生的时候就已经在心灵中，那么（笛卡尔）说是上帝的杰作或（柏拉图）说是灵魂转世并没有解决问题。向我们敞开的唯一大门就是到生物学或其他自然科学中去找寻。这些科学能告诉我们婴儿出生时大脑中有什么以及这些与生俱来的东西如何发展。循着这条思路研究就至少能够开始谈论为什么人类出生时就有独特的心智机器这样的问题，也就是说可以开始探讨生物进化这样的问题了。

把对概念及概念组合原则的研究置于自然科学中也为心灵科学家的研究提供了具体的、熟知的方法规范。取先天论意味着开展研究就要假设概念和语言是内在的，是身体-心灵的某种自然"机制"，受到基因和基因发展的（部分）控制。构建概念理论和语言理论就是构建相关机制的理论、构建这些机制发展的理论。这样做就使得我们的研究扎根于自然科学，同时要求我们满足其他自然科学期待达到的成功科学的标准。当然，所构建的理论是内在系统及其发展的理论。但是"研究大脑内部的东西"没有实质区别。无论是哪门学科，其理论必须满足任何自然科学必须满足的成功标准。语言学家或词汇概念学家构建的理论和物理学家所构建的理论都要满足相同的要求。未来内在论心灵科学家所构建的理论必须达到描述的充分性，即能详尽、准确地描述理论所涉及的各种"事物"的要素及特征。具体到语言来说，就是语词、语句以及语词如何组成语句。其次，理论必须达到解释的充分性。具体到语言来说，理论必须说明为什么儿童在语言发展的特定阶段有这些成分。一旦解释了这些，就需要进一步解释更多的问题，例如，语言如何为人类所具有。然后，理论必须对所描述和解释的对象给予明确的、形式化的说明。理论必须依据要素、"能量"或特征的恰当测量方案，以相关量化的方法被形式化。与之相关的是，心灵科学的自然化形式必须尽量简单。理论对研究对象的解释必须是简单的，但又是全面的。具体到语言来说，这就相当于要求构建理论时提出的语词组合原则或规则应尽可能少，规则的表述应尽可能简单。再次，理论必须尽可能客观。科学史表明，理论应该放弃以人类为中心的常识概念（包括与生俱来像语言这样的常识概念），提出的概念应该能充分地描述和解释。对语言而言，就是要能描述和解释任何语言，能说明特定语言是如何以及为什么在个体中得到发展。理论必须使心灵科学能融入到其他自然科学中的一门科学中。就语言而言，当然是融入生物学。最后，理论能反映相关的一切。内在论理论必须进步，包括相关领域的后续理论或至少是暂时相关的理论（如语言理论、视觉理论、面部结构理论等等）。这些理论在上面提到的一个或几个维度上要有所进步。衡量进步的标准就是方法论本身。

乔姆斯基致力于构建语言科学，并在上述几个方面都有所作为。换言之，乔姆斯基的理论取得了显著的成就。下文我会指出其中几点。已有的成就表明，乔姆斯基以及取理性-浪漫主义心灵观的学者们所做的努力是正确的。从某种程度上来说，在研究语言官能这一点上，他们抓住了事物的本质。这些成就又进一步促使人们认识到，理论研究的对象（即语言官能）是"真实存在的"，也促使人们接受以下主张：（依据科学的相关标准来判断）目前所建立的最佳语言理论对语言官能的讨论是正确的，该理论描述、解释了"事物的本来面目"。我们无法阻挡人们这样认为。我们依据科学和常识认识自己，认识这个世界。每种方法都有自己的优势。众所周知，常识概念不适应科学领域，科学概念如介子在解决常识处理的实际问题时也无能为力。每项解决问题的能力都有其长处，但没有一项能解决所有的问题。理论应客观，理论的显性形式的陈述应精确，除此之外，别无选择。自然科学研究方法会给出我们可能想得到的唯一答案。如果有一天最好的理论出现了，就会告诉我们语言是什么，或视觉是什么等等。

显然，乔姆斯基的努力远远超越了理性-浪漫主义先驱们。先驱们把一切归结为不可解释的力量。他们满足于指明方向，对于如何解释天赋观却毫无建树。乔姆斯基不能也没有停留在此。例如，16、17世纪的笛卡尔和波尔-罗雅尔语法学家们最后不是将发音和语言创造性归于有机体的内在系统，而是归于不可解释的力量，称其为"理性"或"思维"。但是思维在某些程度上最好被看作部分是由语言构成的，人类使用语言进行思考。因此，我们可以不求助思维来谈论语言。乔姆斯基明确区分了语言、语言研究和语言的使用方式包括思维和推理。为了实现这一目标,乔姆斯基构建了基于生物生理的有机系统的理论。为了解释天赋论,先驱们诉诸于神(上帝的礼物)或认为可能与自然有关。但是,他们并没有讨论上帝如何将概念和概念组合原则装进我们的头脑中。虽说如此,理性-浪漫主义先驱们还是取得了一些成就。反观经验主义者,他们似乎在洛克基础上没有做出多少贡献。像洛克的努力一样,经验主义的努力也无法满足自然主义理论的充分性条件。

许多经验主义者并不希望别人告诉他们,自己的努力离构建自然主义理论越走越远。这是因为,当下许多经验主义者认为语言是从他人那里习得的复杂社会实践。这些实践因语言而异,因环境而异。他们把习得的概念看作是语言实践和其他实践的一部分内容。和维特根斯坦一样,他们可能认为概念在语言实践和"语言游戏"中发挥着认知统领的"作用"。对于他们来说,语言是社会组织、社会产品,语言不是具有生物基础的心智"器官"所处的状态。[①]然而,他们仍想称自己为科学家。为了令人信服,他们可能会说,与乔姆斯基(曾经)令人望而却步的普遍语法理论相比,他们提出的"假

[①] 这一点在一些哲学家那里十分明显。他们(如福柯)认为,头脑中的东西是诸如历史、同化等因素的产物。显然,塞拉斯、普特南,甚至奎因等也这样认为。不过,这在实验倾向更浓的联结主义那里并不明显。对此,请看来自莫里斯等人(2000)文章的摘录。这篇文章描述了他们让"神经网络"(他们所理解的神经网络的计算机模型)"学习语言"的目的。这里,语言指的是行为的共有形式或"用法"。他们解释说,孩子"随着时间的推移,能学会语法关系;在此过程中,会适应目标语所展现的特定语言行为"。他们进一步指出,"神经网络自始至终就是一个基于使用的习得系统。起初,通过死记硬背掌握了动词-论元结构;之后,在此基础上发现很多共同点,逐步搭建抽象层面。通过这种自下而上的过程,神经网络就适应了目标语。"

设"更简单。他们设想，语言和概念是通过某种广义学习程序习得的。他们的广义学习程序是关于概念和概念组合原则的最简假设，因为该假设不承认特定脑区存在处理语言的心智机器，否则的话，语言就是心灵的内在成分。因此，如果他们想谈论大脑中到底有什么，他们就会设定大脑中的东西必定是某种神经元。神经元的特征可被"经验"调节，也可被输入修正。或许大脑中存在视觉、听觉等内在心智模块，毫无疑问，这些模块都有显著的内在特征。但是，大脑/心灵的大部分结构是可塑的，可被经验和训练程序调节。这是语言的特别之处。为了展现其"假设"的优势（即使存在这个假设，也很少被明确地表述出来），经验主义者会引入计算模型，认为大脑/心灵可塑的区域以"神经元"的形式存在。计算模型受制于输入，而这些输入被认为是模拟他们所认为的人类的语言经验和语言学习过程。他们认为如果计算模型能"学会"执行令"实验者"满意的"任务"，他们的努力就成功了。

经验主义研究使语言习得变成了奇迹。为了解释人类语言，其他科学常常使用的自然主义解释被简单地抛弃。经验主义者们高兴地说，儿童的宠物鸟之所以会鸣唱是因为天生如此。鸟儿鸣唱能力的发育需要输入，但是发育和鸣唱模式很大程度受到基因的控制。人类语言呢？就必须另寻它路来解释。一方面要构建自然主义的自然客体理论，另一方面却又拒绝把语言和概念视作自然客体，乔姆斯基称之为"方法论上的二元主义"。提到心灵的主要特征，经验主义不仅否定内在论和先天论，还拒绝自然科学的研究方法。他们（如普林茨 2002）把语言置于大脑外，认为我们日常使用的概念如咖喱是通过像感知特征这样的基本心智单元建构起来的。

建构过程受外部因素的控制，而不是受内在发育机制的控制（这些内在机制具有无法感知的特征，如抽象性）。他们（如塞拉斯等）可能会说在学习游戏和社会实践中习得的不是"符号""咖喱"，而是通过"咖喱"这个"符号"约定俗成的认识或正确使用来构建这个符号的意义。无论如何解释，咖喱这个概念的特征和（假定的）指称力取决于言语社团如何使用咖喱这个语词，包括使用的情境，恰当、正确、真实、合理使用的判断标准等等。唯一可依赖的内在"自然"机器就是感知能力和广义学习程序，并通过内嵌于可塑神经元的联想方式或行为方式得以实现。学习程序或许还包含存储在未分化神经元中的统计抽样程序。未分化神经元是洛克白板说的现代经验主义学说之一。

并非所有的经验主义者都奉行方法论上的二元主义。但这并不是因为他们认为语言和概念是自然客体，而是因为有些经验主义者如赫尔德和福柯（他们因反对先天论，奉行外在论而属于经验主义者[1]）不能理解自然主义科学方法论的本质，或者是因为他们无法理解不同于源于常识的人类中心论观点的自然主义科学对于世界的另一个客观看法。[2] 只有那些能区分科学和常识（如"大众物理

---

[1] 把赫尔德和福柯归入经验主义阵营，可能会使一些读者感到诧异。请注意，"经验主义"这一标签指的是心灵研究的一种范式，这种范式建立在对心灵内容以及心灵如何获得这些内容的构想之上。显然，从赫尔德和福柯的语言观以及语言研究的方法来看，他们反对先天论，奉行外在论，属于经验主义阵营。他们跟其他经验主义者的区别很大程度上在于他们倾向于否认自然科学能够客观地描述和解释世界，至少否认能客观地描述和解释心灵的某些方面。

[2] 我认为常识和科学（至少和成熟的数学科学）之间存在区别。这一区别可以追溯到笛卡尔或更早的哲人。在《谈谈方法》一书中，笛卡尔把自己感兴趣的研究（我们现在称为自然科学）及方法（他对之做了阐释）和人们在"健全的理智"（有时可能译为"常识"）中发现的东西对立起来。乔姆斯基采纳了这一区别，并在许多著作中有所提

学"、"大众心理学"等等)的经验主义者才倾向于奉行方法论上的二元主义。20世纪美国哲学家塞拉斯及其追随者(如丘奇兰德、布兰顿等),哲学家奎因、普特南及其追随者对自然主义科学方法论有理性的认识或清晰的认识(如普特南对此就有清晰的认识),[①]但是他们明确拒绝用这种方法研究语言和概念,而是采用经验主义方法论。心灵科学已经发展到目前这个阶段,他们仍拒绝自然主义科学方法。这令理性-浪漫主义者们感到十分困惑。说到概念,也许经验主义者还可得到一点赞同。这是因为尽管刺激贫乏和语言的创造性现象毫无疑问证明理性-浪漫主义研究更合理,但是自然主义的概念理论仍然处于萌芽阶段。不仅如此,即使赞同理性-浪漫主义研究的学者如福多(1982,1988)也相信某些观点(例如概念本

及,参见乔姆斯基(1975a,1988a,1995a,2000)。做出这一区别的动因包括:儿童既不容易掌握科学概念和理论(尽管他们可能会使用类似"轻子"这样的语音),一般也不会展现出科学创造力(除了那些非常熟悉科学的人外)。科学家和数学家跟同行交流时,会尝试规范技术术语的使用,这一点很重要。他们对技术术语的使用非常接近于经验主义者认为的对常识概念的使用和自然语言的日常使用。

① 这对物理学研究也许是正确的,但对心灵研究并非如此。奎因的"自然化的认识论",主张感觉的影响与人们所形成的关于世界的信念和知识之间存在"因果"关系,而心理学探索的就是这些因果关系。奎因(1969)在论及自然化认识论时,讲述了心理学方面的故事。但是这些故事跟1974年在《指称之根》中提出的概念观、语言观和世界观似乎区别不大。遗憾的是,这一著作被遗忘了。书中人们可以找到经验主义对心理学"因果"关系之确立方式的标准说法:除了感觉系统中的一些"显著因素"外,因果关系都受外因控制。这并没有"自然化"心灵研究,并没有把心灵看作按照生物规律成长的自然客体,也没有用自然主义的研究工具来理解心灵。塞拉斯(1960等)则只是假设心灵科学(我认为是心理学)属于行为主义研究,他明确采纳了联结主义早期对大脑及大脑"学习"所持的观点。他确实谈到了蜜蜂语言的进化(一种不成熟的进化观),但没有把这些观点拓展到人类语言。这样做可能会把语言跟"理性"割裂开来,而他认为人可以学习语言,理性属于人类。这样做也可能使他的理性认知规范脱离了它们在语言社区的"家园"。他并没有想到乔姆斯基的语言(和意义)研究以及对语言使用的看法。很明显,其他很多哲学家和认知科学家亦没有想到。

身就能指称)。如上文所述,这些观点认为直接采用内在论和先天论的研究方法不可行。但是,理性-浪漫主义者如乔姆斯基坚信采用非自然主义方法研究语言是行不通的。对于语言研究,我们已经寻找到了清晰的理论,并且在各个方面取得显著成就。然而,奎因却认为语言研究"必须采用行为主义方法"。这似乎是顽固地拒绝面对事实了。

从经验主义的研究特别是联结主义者所设计的研究看,我们发现他们努力建立"简单的可循环网络"之类的东西,[①] 目的(可以说)是"识别"事物的类别,或者通过大量的训练产出结果。这些结果似乎可以证明网络的连接能力在某种程度上也蕴含着"规则",也就是说可以生成输出所需要的一组输入,而这些输出需要符合实验者判断行为是否正确的标准。难道经验主义者的所作所为不是自然主义的探索吗?乔姆斯基直截了当地说"不是"。[②] 不论技法用

---

① 该术语源于埃尔曼,他是著名的联结主义学者,研究成果丰硕。

② 1959年,乔姆斯基评论了行为主义者斯金纳的《言行行为》。1967年,评论再版时,乔姆斯基加了个序。序言内容在今天看来依然合适。"这篇评论并不是要专门批评斯金纳关于语言的构想,而是对行为主义者(我现在更喜欢用'经验主义者')关于高级心灵过程本性的构想做更宏观的批评。我详细讨论斯金纳,是因为这本书对这些构想的阐述最细致、最全面。……因此,如果我在评论中尝试证明的各种结论正确的话(我也相信它们是正确的),那么斯金纳的著作实际上可以看作是行为主义[和经验主义]假设的反证。我个人认为,斯金纳的著作可被用作这个目的,这是其优点,而不是缺点。正因为如此,我才对该书做了详尽的讨论。除了个别细节和疏忽外,我看不出斯金纳的方案及其总的构想该怎么改进。换言之,我看不出在行为主义或新行为主义总体框架内,或更广地说,在主导大部分现代语言学、心理学和哲学的经验主义思想总体框架内,他的方案怎么能有实质性的改进。我在评论中清晰、详细地讨论这些构想,希望得出的结论是,总体看来他的观点在很大程度上像个神话,这些观点被广泛接受并不是因为得到经验的支持,或者说充满令人信服的推理,也不是因为没有其他合理的选择。"(1959/1967:142)

的多么巧妙，不论技术投入多少，经验主义认真刻画的心灵图像以及心灵获得和使用语言和"内容"的方式都不会也不能回应可观察到的语言习得和语言使用，除非他们改头换面，变得与理性主义不相上下。当联结主义的研究被要求去回应一些必须被严肃对待、认真回答的问题时，其少数几个著名的"成功"案例最终被证明也是失败的。我们引用乔姆斯基对该本序言初稿部分的评论来说明：

> ……不管联结主义怎么把计算模型或统计运用于语言习得，结果总是……错的。以埃尔曼对学习嵌套依赖的著名研究为例（有人告诉我，这篇论文是认知科学领域引用率最高的文章）。该研究存在两个问题。一、所采用的研究方法对探讨交叉依赖十分有效，但是无法解释为什么几乎所有的语言有嵌套但不交叉依赖。二、该方法对探讨二层嵌套有效，但完全无法处理三层嵌套。这就像构建了一个算术理论，可以计算2+2，但要计算2+3（或无数其他算式）就必须重新设计。这样的研究充其量可以很好地复原蜜蜂的交流，或解释窗外正在发生什么（这一点他们比物理学家做得好很多）。为什么物理学家不这样做？因为这样做荒谬至极，没有哪个科学家对排列数据感兴趣。当然，语言研究也坚持这么做就不只是方法论上的二元主义了。

坚持把人类的语言和概念置于自然主义的研究之外的做法是不理智的。

采用经验主义来认真研究一些认知问题，例如类推、科学理论或概念的习得/学得等,这样做或许是合理的。但是,采用经验主义来思考常识概念特别是语言就不合理了。例如,没有人发现儿童习得概念或语言时像联结主义讲的那样受制于训练程序。这只是乔姆斯基认为推动经验主义研究的是教条而不是理性的众多理由之一。乔姆斯基这样认为并非毫无理由,而是基于语言事实和语言研究所取得的进步。显然,经验主义的目标并不是为了解释语言、概念及它们的发展,而是为了显示所宣称的神经网络模型可以(在一定程度)用于模拟人类的某些认知行为或其他行为,旨在满足实验者对任务的设想——被认为行为应能执行的任务。这样做可能会取得一些小成功,例如,习得不规则动词被认为是一个成功的例子。但是这样的成功或其他更小的成功案例与儿童习得概念和语言的条件毫无关联,也与他们习得概念和语言时心灵中有什么工具毫无关联。显然,这些心灵工具可以完成所有的任务,而不仅仅是展示有利于满足实验者的构想的一些行为。让通过大量的训练满足经验主义条件的"神经网络"①,在执行某项令人满意的任务时,展示一些行为(如分类、推理等等),这样做或许对实现一些目的是有用的。这样做可能会提供一个笨拙的、耗时的、并且可能还不可靠的方式让机器"学习"如何在没有程序的情况下做你希望它做的事情(假定你知道如何按程序做事)。这样做也可能会吸引那些认为用少量工具就能完成研究的学者,他们时间多,经费充足。但是,如果

---

① 这些引文虽有些吓人但却是合理的。联结主义的神经网络并不是用来模拟真实的神经网络,而是用来模拟洛克的白板的计算机。真实的神经网络是由基因控制下形成的神经元组成,神经元相互连接构成非常复杂的形式,为有机体提供认知系统和其他系统,而人类的这些系统大体相同。

不能解释可以很容易在儿童身上发现的事实，即刺激贫乏和语言的创造性所指出的事实，经验主义的这些努力对心灵科学就毫无贡献可言。

顺便一提，乔姆斯基的批评不能被理解为是对概念、语言及其使用的计算机模型的无端指责。有些模型是非常实用的。别的不说，人们会发现它在词项和词项特征方面的研究就非常有趣又实用，或许甚至对理性-浪漫主义也很重要。乔姆斯基批评的是坚持认为在语言和概念研究中只能从使用的角度来探究事实的本来面目。

2.3 语言研究自然科学化：生物语言学

在构建某一学科的自然主义理论时，科学家们常常想把这门具体科学融入到其他自然科学或至少一门科学中去，要么是一门宽泛的科学，要么是一门具体的科学。任何一位自然科学家都是如此。例如，将物理学与化学相结合，将大部分生物学与有机化学相结合。将语言学与生物学相结合一直是乔姆斯基的目标，当然这肯定也是他写《笛卡尔语言学》一书时的目标。无论是过去还是现在，语言研究的基本问题都是，刚出生的小孩有什么东西使得他／她能在刺激贫乏的情形下习得任何一种自然语言。显然，小孩头脑中有某种东西。我们称之为"普遍语法"。语言研究要想融入生物学，第一个需要回答的问题就是，普遍语法有什么或普遍语法必须有什么才能解释我们观察到的现象。换言之，人类语言的核心是什么？儿童的什么特征是其他缺乏语言的幼小生物所没有的？为了回答这个问题，我们必须说普遍语法是什么，我们必须构建语言官能"初始状态"的理论。此外,为了有机会将语言与生物学相结合,人们期待普遍语法最终被证明是不繁复的。仅仅需要一点点东西就足以解释为什么这点东西不仅能产生一种语言而且能产生任何自然语言。倘若证明普遍语法十分繁复,那就很难理解为什么人类基因有如此繁复的"指令集"(指在最少的输入环境下生成自然语言所需的必要"信息")。尽管一开始就期待语言与生物学相结合,但是直到《笛卡尔语言学》一书完成后,直到70年代后期和80年代初期,二者如何结合才逐步变得明朗,也取得了很多进展,至少提出了二者结合所需的方案(乔姆斯基称为"最简方案")。尽管现在还没有信心说已经找寻到了答案,可能仍有漫长的路要走,但是不同于20世纪60年代中期,现在看来这个问题是可以回答的。

尽管在完成《笛卡尔语言学》一书时语言学和生物学相结合的路还很漫长,但是乔姆斯基在《句法理论面面观》(1965)中建立的"标准"理论在探究自然主义研究的其他特征上取得了重要的进展。读《笛卡尔语言学》一书时我们应铭记在心:那个时代取得了什么成就,为什么这些成就还不能将语言学融入生物学。事实上,《笛卡尔语言学》一书的目的之一就是指出理性-浪漫主义之前的研究所取得的成就。一般来说,指出进展就说明,对语言进行科学研究时,采用理性-浪漫主义方法并把语言视为自然客体的做法是有效的。先前认为需要努力解释的空白已经填补,未解决的问题也已经被解决。表面上似乎不可克服的问题变得容易处理,未得到解释的语言结构特征被看作是自然的,因为语言是一个自然客体,结构特征是自然的产物。这里我不打算详细展开,否则就涉及到具体的语法细节,使得本就很长的序言更长了。接下来我要讨论乔姆斯基在

《句法理论面面观》和《笛卡尔语言学》中提及到的17、18世纪波尔-罗雅尔语法存在的问题。这样做似乎有失公允，为什么不讨论1965年左右语言学家包括乔姆斯基取得的成就？这是因为除了乔姆斯基及合作者们提出的语法外（洪堡特或许是个例外，尽管他没有试图构建生成语法），直到乔姆斯基50年代初期的《现代希伯来语形态音位学》和中期的《语言理论的逻辑结构》，还没有相对详尽的理性-浪漫主义语言理论。相对《语言理论的逻辑结构》，《句法理论面面观》取得了较大的进展，但比较它们会涉及到技术细节。乔姆斯基能够把《句法理论面面观》中的语法和《笛卡尔语言学》中提到的"当代"语言学家（他们受到了布隆菲尔德、朱斯等提出的原则的影响）或诸如索绪尔结构主义语言学家的语法做一比较。经验主义者善于此事，但他们显然无法解释刺激贫乏和语言的创造性现象。开展对比研究不会突显理性-浪漫主义研究所取得的成就。但是与波尔-罗雅尔语法做比较就有助于我们理解所取得的成就。如《笛卡尔语言学》所述，波尔-罗雅尔语法学家提出的一些观点值得我们比较。他们发现的事实、提出的原则与《句法理论面面观》提出的惊人相似。或许这就是为什么乔姆斯基在《笛卡尔语言学》中明确地比较了波尔-罗雅尔语法和《句法理论面面观》中的语法。

粗略地看，波尔-罗雅尔语法学家试图沿着理性-浪漫主义路径为自然语言构建语法。他们假设，所有语言的语法都有共同的特征，语言的创造性（即把语词组合成无数的语句）可以通过规则系统来描述。他们称自己为语言科学家（"哲学家"），希望能揭示人类特有的心灵系统的性质。乔姆斯基用自己的术语重释并阐明波尔-罗雅尔语法学家观察到的一些事实和提出的一些原则时没有任何困难。这样的例子很多，可以参看本书"深层结构和表层结构"一节。在这节开始乔姆斯基就举例讨论波尔-罗雅尔语法（和《句法理论面面观》中的语法）如何能够采取"深层"形式（确切地说是这些形式的抽象表征）：上帝创造了世界，世界是可见的，但上帝是不可见的；也讨论了如何依据"转换"规则（转换语法）将这些深层形式转化生成"表层"形式：不可见的上帝创造了可见的世界。读者可以翻到后面看更多细节和例子。

乔姆斯基从《句法理论面面观》的角度去概述波尔-罗雅尔语法的成就并指出其中的不足，并在"语言学中的描述与解释"一节倒数第三段做了如下评论：

> 这些哲学［科学、普遍］语法学家广罗事实，并试图寻找每个例证的表层形式之下的深层结构，深层结构表达成分之间的关系，而成分又决定了深层结构的意义。从这个角度看，他们的研究是纯粹描述的，……。阅读他们的著述，人们总会感觉到其分析是特设性的，哪怕有的分析似乎事实上是正确的，这种感觉也很明显。他们提出了传递语义内容的深层结构，（除了从语言事实的角度来说选择一些结构做深层结构是正确的之外），却并没有指出这种选择的基础是什么。他们缺的是一个阐述精确且能经得起检验的语言结构理论。（强调是我标记的）

波尔-罗雅尔语法学家在（非正式）描述方面取得了一些成就，但仍然不充分。要想做到这一点就需要围绕柏拉图问题来展开。

首先，我们看二者的相同点。波尔-罗雅尔语法学家意识到，为一门自然语言构建规范语法就必须构建关于这门语言的生成语法理论，[①]从而才能从理论上解释人们创造性地使用语言时展示出的无数资源。波尔-罗雅尔语法学家的目标就是构建这样的语法。另一个相同点是，和乔姆斯基一样，波尔-罗雅尔语法学家试图建立普遍（科学的、客观的）语法，认为有了这样的语法不仅可以描述语言，而且有希望解释为什么对于说话人的语言来说这种语法是正确的，为什么是这种语法而不是其他语法存在于儿童心灵中。再一个相同点是，波尔-罗雅尔语法学家提出的语法"形式"或"样子"与乔姆斯基60年代中期构建的语法体系十分相似。乔姆斯基当时认为，自然语言的所有语法具有相同的形式。此外，所有的语法都包括"短语结构规则"，这些规则可以把语词组合成抽象的结构。经过"强制转换"操作，抽象结构与我们认为的简单句（如"上帝创造了世界"）相似。这些结构有"语义解读"，即这些结构被赋予了"意义"。深层结构又可以组成更复杂的结构或者转换成更复杂的结构。语法中负责这一操作的就是转换规则中的可选部分。经过一系列操作生成的是"表层结构"。转换后的结构又被赋予了语音解读，即"声音"。波尔-罗雅尔语法学家的目标之一就是理解这种直觉，即虽然语言的声音千差万别，但在本质上具有相同的意义。显然，这一思想在《句法理论面面观》中得到了延续。

[①] "生成"意谓"产出"（在《笛卡尔语言学》一书中该词的意义通常如此，波尔-罗雅尔语法学家也持这种观点）。由于人类的表达手段有限，所以通常需要一些递归原则赋予人无限的能力。在形式研究的专业文献中，"生成"的意思是（或者说可能也是）"明晰的"或"形式的"。

第三版序言

那么，同波尔-罗雅尔语法相比，《句法理论面面观》在哪些具体方面有所进步呢？最大进步之一就是提出了描述的充分性。乔姆斯基的语法是形式化的，明确提出了相关的规则和原则、不同的计算"层次"，以及层次和要素之间的关系。描述语言时不能罗列语句，否则你可能得提供无限长的清单。描述语言的唯一恰当方式就是构建形式理论（语法），以明晰的形式化术语陈述语言规则或原则。但是，波尔-罗雅尔语法学家并没有这样做。正如乔姆斯基提及的，他们的研究缺乏"充分性和精确性"。人们必须明确地说出语言的短语结构是什么，转换规则是什么。否则就根本不能描述语言，也不能判断语法是否正确，即无法满足描述的充分性要求。当然，与波尔-罗雅尔语法学家相比，乔姆斯基有很大的优势，数学和其他形式化研究经过几个世纪的发展取得了长足的进步。但是，我们也不能因此而贬低波尔-罗雅尔语法学家的贡献。

另一项重要的进展涉及到既想描述语言，又想解释语言的人所面临的根本任务。尽管波尔-罗雅尔语法学家也试图构建普遍语法来描述和解释，但是（可能是由于缺乏精确性）他们的理论不能解释在刺激贫乏的条件下为什么儿童的心灵选择语法 X 而不选择其他成千上万种的可能性。他们不能真正解决柏拉图问题，甚至不能清晰地表述这个问题。乔姆斯基的《句法理论面面观》至少能够告诉我们解决柏拉图问题需要做什么，实际上也提出了解决之道，只不过现在看起来不充分而已，但在当时是唯一可行的方案。显然，与波尔-罗雅尔语法相比，《句法理论面面观》所提出的语法无论在描述上，还是在解释上，都更加充分。

为了理解儿童心灵如何在语料 D 环境下自动"选择"语法 X 而

不是 Y，即如何习得 X 而不是 Y，下面简略介绍一下乔姆斯基 60 年代中期提出的语法装置。我们把语法 X 和 Y 看作是规则的集合，二者都是描述 L 语言（具体指儿童心灵输入的语料）的选项。儿童心灵选择哪一项呢？现在我们介绍"内在"简单性判断：只要集合 X 包含的规则少于集合 Y，规则集合 X 就优于集合 Y。① 如果能以这样的方式判断一种语法是否优于另一种，那就可以设想是儿童心灵的某种内在的和天生的装置运用该判断"选择"了 X 而非 Y。换言之，我们可以合理地假设，面对 X 和 Y 两种选择，不是儿童有意识地在二者之间做选择，而是儿童心灵中的某个东西选择 X 进而习得或学得 X。60 年代中期，乔姆斯基解决柏拉图问题时就是依赖这种设定的装置。通过假设是内在的和天生的机制选择了（相对）优先的程序，乔姆斯基能为柏拉图问题提供明确的解决方案，因为柏拉图问题可能与某种选择机制紧密关联。通过说明选择（选择不同的规则集合）是什么，通过量化选择程序，以及通过假设程序由内在的自动运行机制来完成，乔姆斯基至少可以阐明柏拉图问题，并勾画出解决之道。也只有如此乔姆斯基或其他学者才能够开始思索语言官能及其发展如何与生物学相结合。

尽管缺乏后续研究，当时提出的语法在描述和解释方面已经十分充分，在其他方面也取得了一些进步。这些语法在当时看来也具

---

① 注意，"优于"的衡量标准明显依赖于简单性这一专业术语的意义。如前所述，简单性是科学的又一目标。简单性这一概念在乔姆斯基著作中的历程本身就是一项迷人的研究；但不幸的是，这个话题超出了序言的介绍范围。简单性一词源于乔姆斯基的老师纳尔逊·古德曼的著作，在乔姆斯基著作中有各种变化形式，在"最简主义"中发挥着极其重要的作用。

有普遍性和客观性。此外，这些语法也提供了语言学和生物学相结合的可能方式。但是无论从理论整体看还是从理论内部看这些语法都略显简单。不过，依据自然主义研究的成功标准来审视，乔姆斯基当时提出的语法比波尔-罗雅尔语法进步很多。

乔姆斯基在《句法理论面面观》中提出的普遍语法与波尔-罗雅尔语法相比有更多优势，但是与后来的思想相比，又存在诸多问题，有些问题甚至在当时就十分显眼。选择程序/学习程序严重依赖于如下假设：某个东西以某种方式首先构建了集合 X 和 Y。尽管当时似乎有可能把所有自然语言归为相同的形式，但是只有一些语言得到了比较精确的调查研究，甚至仅有的这些语言也展现出很多（从解释语言习得视角来看）令人不满的差异。即使是语法的普遍形式、内在语法建构装置等概念也无法减小这些差异。普遍性这一核心理念似乎遥不可及。"形式上"相似的不同语言在细节上差别很大。对于语言习得或明确解决柏拉图问题来说，尽管《句法理论面面观》提出的程序会"选择"含有较少规则的语法（"简单的"语法）而不选择规则较多的语法，但是这样还远不能恰当地解释儿童为什么能在相同的年龄段、经历大致相同的发展阶段习得成千上万种自然语言。选择程序可能有些"机械化"，将语言理论与生物学相结合看起来仍然不切实际，人们很难理解为什么人类基因包含了以下所需的全部信息：既允许生成大量的语言，又提供了选择不同语言的方式。当时即使是最乐观的语言普遍性假设（指既不要求习得也不要求选择的普遍性假设）仍然要求基因携带大量的、语言特有的信息，其数量远远超过了任何演化论能够恰当解释的范围。

《句法理论面面观》之后的研究极大地改善了这种局面。人们越来越清晰地认识到,语言的基本规则/原则和结构根本没有那么大的差距。例如,所有语言的短语都有中心语和补语,所有语言的词项都以同样的方式"投射"生成短语结构。短语结构表面上的差异似乎都消失殆尽,短语结构语法被精简成统一的词汇"投射"。成分移位("转换"、位移)似乎变得更容易处理,人们提出了唯一的规则"移动任何成分到任何地方",并假设这条移位规则受到诸多因素的制约。尽管语言不同,但不同之处越来越少。不出所料,柏拉图问题——这一需要解释的主要问题——其性质也发生了变化。理论研究仍然关注句子的结构来自哪里?"投射"取代了短语结构的诸多规则,但是投射操作的理据是什么?投射操作源自哪里?随着90年代早期最简方案的提出,语法研究在这些方面又取得了巨大进步——我在此简化或搁置技术操作上的争议——以至于近年来,用于解释基本结构和移位的唯一"操作"(规则或原则)似乎只剩下乔姆斯基和其他学者称作的"合并"了。简单地说,合并就像串联一样,把客体或成分(词项)链接起来,形成新的客体。具体来说,词项 x 和 y,合并成 {x, y} 集。语言肯定需要类似这样的操作,因为所有语言都是"合成的",由"语词"合成"语句"这样的复杂结构。

上文通过两次简化来说明语法研究在形式简单性方面取得的成就:解释自然语言如何由"语词"组成语句时所需的各类原则在某种程度上可以简化为一项原则。我的简化没有提及但预设了乔姆斯基80年代语法的创新——参数。参数允许语言结构之间有差异。例如,意大利语允许句子没有(显性)主语,但英语和法语不允许。参数概念刚提出时(这个概念最终可能会被证明是正确的,至少部分是正确的)被视作是普遍语法规则或原则的选择(语法研究也因此得名"原则与参数"框架)。参数选择解释了语言在结构和语音上的差异,或许也可以解释语义上的差异,尽管我们还不清楚语义上是否有差异。参数把自然语言中存在的结构差异限定到了一定范围,因此,正如乔姆斯基(见 1988a)所说,列出一系列具体选项人们就可以推演出匈牙利语而非斯瓦希里语。除了对语言差异(当然词项需要排除在外)做出精细、恰当的描述外,参数还有其他优势。首先,为解决柏拉图问题提供了直观的方法,语言习得(词汇习得除外)被视作仅仅是一系列参数的设置过程。第二,参数可以提升描述的充分性,参数说明语言习得是一个选择程序而非相关的"评价"程序,这就更有利于解答柏拉图问题,使语言学家开始思考其他需要解释的问题。直到 80 年代参数提出之前,似乎还很难提出一个既能充分地描述同时又能解决习得问题的语言理论。完全不同的语言似乎需要完全不同的原则和规则,但是解决柏拉图问题似乎又要求一致性和简单性。如果语言差异被限制在几个"开关模样"的参数上,这些参数很容易设置,只需少量的语言输入即可;同时如果普遍原则的数量也很少,或许只有合并,人类基因所携带的语言特有"信息"也缩减很多,此时语言理论和生物学相融合的任务就更加具有可操作性。假设普遍语法理论是关于基因携带的语言特有"信息"的理论,因为该理论似乎比过去很长一段时间认为的样子还简单,而且基因携带的普遍语法信息的数量似乎也比原先想象的少很多,或许只有合并(此处我们不谈概念、语音和词汇等)。此时把语言学与生物学相结合看起来就容易很多。或许人们甚至已经开始用生物演化程序解释人类如何拥有语言这一问题了。

31　下面举个简单的例子来说明参数如何促进研究以及如何用参数理论解决问题。假设普遍语法是普遍原则的集合。如果这些原则具有普遍性，那么每种语言都包含着原则所规定的特征。其中一条原则是，所有语言都能生成短语，短语包含"中心语"（形容词／副词或动词等词项）和"补语"。补语本身可以是短语，也可以是空的成分。我们把它再形式化一点，XP = X – YP，其中"X"和"Y"可以是动词、形容词／副词、介词、限定词等任何一类。这条原则尽管看起来很简单，但足以说明问题。假设这条原则已经被参数化，有不同的参项。用"–"符号标注参项，表示参项间无先后顺序。如果参项间无先后顺序，中心语就可能居于补语前或补语后。英语是"中心语居前型"语言，动词短语 VP 的形式就如"call the dog"。相反，日语（米斯基托语等）是"中心语居后型"语言，中心语位于补语后。若英语中心语也居后，那么前面的例子就变成"the dog call"。中心语参数以及其他参数就像开关一样，拨到一个位置时就产生中心语居前型语言，拨到另一位置时就产生中心语居后型语言。（我们有理由）假设语言参数的数量有限，而且应该很少。确定语言的所有原则和参数就可确定所有自然语言的可能结构，而从生物学和物理学视角看每一种结构都可能存在。这样做就可以"说明"什么是自然语言的生物／物理结构了。假设有 12 个参数，每个参数有互相独立的两个参项，就可能产生 2 的 12 次方种结构不同的语言。基于这些假设，原则和参数理论提供了非常有用的描述工具，可以描述所有可能的自然语言，至少可以描述它们的结构和语音差异，也可以使用简单的普遍语法对任何可能的自然语言进行充分的描述。

如前文所述,原则和参数理论为柏拉图问题提供了解决之道。这个问题是必须要回答的核心问题,没得到解决前会妨碍其他问题的解决。把参数看作类似切换键或开关键的装置;在上文所举的例子中,当开关键拨到一个位置时就产生中心语居前型语言,拨到另一位置时就产生中心语居后型语言。语言习得的大部分过程就可被看作是把开关设置到某一位置的过程。每个参数允许有少数几个位置,最简单的情形就是拨到1号位或2号位。这些假设不是在探讨词汇习得,至少不是直接针对词汇习得。当然语言习得也包含了习得词汇。但是这些假设为解决语言即组合系统中的柏拉图问题做出了巨大贡献。这些假设也符合事实,有证据表明儿童在语言发展过程中设置了参数。人们在儿童语言发展的特定阶段发现了非常有趣的例证:儿童心灵会"尝试"设置参数,尝试设置不属于儿童所在社团语言的参数,之后很快就会回到跟所接收语料相吻合的"正确"设置上来。例如,儿童习得英语时可能会说"What do you think what teddy wants?"这样的句子,句中第二个"what"的位置与一些德语方言中的位置相同。这一模式以及儿童尝试的其他模式会在儿童话语中偶尔出现一段时间,但随后消失。心灵好像是在不断摸索向自己敞开的途径。由于参数是固定的,心灵选择不同结构的空间就受到限制,甚至提前就被确定。因此,"选择"很快,只需一点证据即可确定。在刚才这个示例中,没有证据的参数设置是一种,有一些证据的参数设置是另一种。参数理论也可以帮助我们做出完美的预测。如果没有参数,我们就不能发现这类"尝试"现象发生的可能阶段。如果参数的选择限制不是与生俱来的话,我们也不可能理解(常常缺乏否定证据的情况下)为什么习得速度如此之快。如果各种可能性都存在，就是说如果选择空间不受限制，儿童语言行为就会处于近乎随意状态。倘若没有外界的诸多干预，就很难删除一些可能性，同时选择其他可能性。但事实上，儿童既没有受到外界的干预，也不需要干预。

解决柏拉图问题后，参数就使理论语言学家开始认真思考其他需要解释的问题，包括如何将语言融入生物学、语言如何为人类所独有等问题。此处我先讨论语言融入生物学的问题（事实上就是把普遍语法置于人类基因中的问题）以及近年来的一些发展。上文已经讨论过，将语言融入生物学的最可能的方式就是简化普遍语法，把普遍语法被看作是基因所携带的语言特有"信息"，服务于人类语言。要确定是否如此，就要思考语言的核心是什么，人类有语言而其他物种没有，又意味着什么。2002年，乔姆斯基与马克·豪泽和特库姆塞·菲奇合作在《科学》杂志上刊发重要研究成果。他们对比了人类和其他物种的各种交际系统及其他系统，指出其他物种似乎至少拥有人类可以用语言表达的概念，它们也可以发出声音和符号，也可以感知到声音和符号。但是没有一种物种具有语言递归能力，即提取和"组合"词项/语词、理论上生成无限长的层级结构的能力。假设语言的核心就是语言递归，上文已经将此归结为合并，那么合并就一定在人类基因中以某种方式受到了具体的限制。但是，普遍语法只有合并吗？果真如此的话，语言融入生物学就变得十分容易。那么，参数呢？很明显，参数对语法/计算结构有影响，而且如前所述，参数似乎是语言特有的，例如上文提到的语序参数就是如此，它还涉及到中心语及补语。如果参数是语言特有的话，它必定属于普遍语法。此时一切看起来就没那么令人不安了。

然而，我们不该草率地做出这样的设想。原因之一是一直在研究生物变异这一困难问题的科学家早就知道，影响发育、生长、器官发生的因素远远超出了只凭基因和"输入"（数据）能解释的范围。同样的情形也肯定存在于儿童语言的生长发育中。这些其他因素（乔姆斯基称为"第三因素"）包括：

> (a)语言习得和其他领域所用的语料分析原则，(b)广泛地限制路径的形成、有机体的形式和行为的结构原则及发育条件，包括高效运算原则，这些原则对诸如语言这样的运算系统至关重要（乔姆斯基2005:6；亦见2007；待刊）。

没有人真正知道这些因素和语言或任何有机体的生长有什么关系。不同于表面看到的，我们并不能清晰地观察到（如中心语参数所示）短语内成分之间的不同语序一定是语言特有的。中心语与补语的语序或许是由其他因素决定的，而不是由语言特有的因素决定的。显然，鸽子翅膀（和羽毛）颜色类型的差异不能只归于鸽子的基因，否则就会给鸽子基因过重的负担。因此，参数选项也许需要依赖第三种因素来解释，参数不同值的设置也由这些因素决定。

生物学家和其他研究发育（器官发生、个体发生等）问题的学者逐渐把第三种因素对发育的作用纳入"演化-发育"科学研究中。事实上，乔姆斯基从其早期著述开始已经朝向这个方向很长一段时间了。循环计算原则、语料分析原则等在早期语言习得研究中发挥着重要作用（乔姆斯基、哈利、卢克夫1956；参见乔姆斯基2005：6-7）。近年来，乔姆斯基又强调艾伦·图灵关于形态形成的重要研究成果以及达西·汤姆森以前对相关问题的非正式研究与语言变异和语言发育问题相关。他也经常引用斯图尔特·考夫曼和查尔斯·沃丁顿等生物学家的研究成果。这样做使得生物学上的一脉思想得以复兴。这脉思想至少可以追溯到歌德及其思想。歌德认为，可以通过"原始植物"的算法预测任何植物的可能形状。需提醒的是，《笛卡尔语言学》一书也直接借鉴了歌德的思想和方法。歌德的观点可能触及到了语言生成问题，由此也可能触及到了语言创造性的先决条件。无论如何，第三因素正在影响着语言的研究，人们都在期待找到柏拉图问题的最佳答案。这个答案（以及对基因有什么的最终回答）就预设了第三因素可能是什么。

34　　此处就不细谈这个问题了，但是有意思的是，如果这些设想（但不仅仅是设想）正确，基因自身就"包含着"合并，那么我们就能非常容易解释语言是如何由于一次基因突变产生：突变不一定是"语言特有"的突变，也可能是其他突变的伴随结果，正如莱沃廷和古尔德（1979）所说的"（三角）拱肩"，这是其他系统的改变导致的结构变化。这种变化是"突变的"，一次飞跃就已完成。否则，我们就不得不假设语言的发展经历了数万年，可是并没有证据支持这一假设。事实上，除媒体和专业期刊对FOXP2的探究外（这些研究可能毫不相干），唯一明显相关的证据也指向相反的方向。看起来，人类系统地观察星辰、努力寻求"终极"解释（常常出现在宗教领域）、从事绘画、探究系统应对环境的方法等等大约始于10万至5万年前，大约5万年前人类开始走出非洲。

自此，会说话的人类广泛分布在各地（比如在东南亚），因此没有发生杂交繁殖。对东南亚的群体的调查表明，他们具有完整的语言能力，同时也表明自那时起语言就没有发生质的变化。人类具有从事各种特有的认知行为（如艺术、宗教、经验观察等）的能力，这很有可能不仅仅是演化突变的结果，而且还是单一变化导致的结果。导致这一结果的最可能的原因是语言，确切地说是递归，具体来说就是把概念组合起来生成数量无限、使用自由的复合概念的能力的出现。如果这些假设可信的话，智人最终"变成人"的原因就是语言的出现。

这种自然主义的和基于理性的对人类和认知能力的起源的解释完全去除了各种宗教神秘色彩。这是会让启蒙主义者感到愉悦的解释，因为他们认为单凭理性就足以回答基本问题。当然，我们不能过分乐观。假如理性（即认知能力的运用）有生物学的基础，那么它就必定有局限。这些局限体现在不能科学地认识语言使用的创造性等方面。但事实上，这也有好的一面。如同理性-浪漫主义者一直坚称的那样，如果（天赋的）认识资源是无限的，智力能力发挥作用的空间就会很小。

需要注意的是，这样解释人类的起源和语言的产生（可以说，语言是人类具有不同寻常的认知灵活性和认知能力的决定因素）也为理性主义者和浪漫主义者引以为荣的自由意志留下了足够的空间。视觉和语言等具体心智官能的内在运行机制也变得十分确定。[35] 运算系统会处理它们所接受的信息（具体到语言来说，这些信息是指包含音义"信息"的词项），然后在与其他认知系统的接口处生成复杂"信息"。如果没有生成，运算就会崩溃。至少就语言而言（正如语言使用的创造性所揭示的那样），在语义界面的另一面所发生的虽然是"理性的"，但却是不确定的，因为"所说的话语"通常会符合语篇语境的要求。其次，由于人类行为涉及多重系统，也需要系统间的合作，同时多重系统间的关系会受到大量交互作用的影响，所以语义确定论就没有前景，或者如上文所论，人们不可能为人类行为建立科学理论。此外，"自由意志"已经证实存在于个体经验，也存在于对常识的理解中，因此，我们可以说人类是自由的主体。我们没有理由对此感到遗憾，相反我们有理由高兴。

最后在此简要提及一下我们将在序言最后一部分详细讨论的东西，本节主要是想讨论语言融入生物学所取得的成就，也涉及到了《笛卡尔语言学》中一些宽泛的话题。乔姆斯基努力在以生物学为基础的对人类本性的研究中给语言科学以突出的地位，其意义在于我们能够在研究人类本性的过程中深入分析人类最基本的需求，因此能够开始思考什么样的社会组织（政体）能很好地满足人的基本需求。这样一来，我们就能给政治议案、政策、政治经济组织（这些组织的目标就是最大程度地满足人的需求）提供正当理由了。这种有科学基础的计划所诉诸的东西一目了然：提出正当理由必须诉诸于普遍性，这里的普遍性指的是对人类本性的客观研究所提供的普遍性。（语言显然是人类本性的构成成分，其他生物没有语言。）对人类本性的客观研究能经得起科学的检验，也能提供方法来做启蒙主义思想家非常想做的事情，包括依据理性（而非诉诸信念、教条或权威）解释人类的本性，运用理性决定人的基本需求，在理解这些的基础上努力为理想社会组织形式的面貌构建合理的图景。这可能还需要很长的时间才能实现（也可能不能实现，因为如同其他生物一样，我们人类也有认知局限），最终会形成建立在科学基础上的人本主义，认为人类就是生物体，除此之外别无其他。总之，不是信念，而是理性，特别是（以实现普遍性和客观性为目标的）科学理性，能为"美好生活"图景以及允许人们过美好生活的理想社会组织形式提供合理的基础。

3. 笛卡尔的贡献

虽然笛卡尔对语言科学没有直接贡献，但他间接做出了贡献。我没有把被哲学家（以及他们的学生和读者）认可的贡献包括进来。笛卡尔认为，人们拥有心灵内容的知识，这些知识是直接的、无中介的、确定的。但是，确切地说，我们没有理由认为语言或心灵科学研究得到笛卡尔思想（或许是其表述清晰的思想）的帮助。我们也没有理由认真对待他所提出的身心实体二元论，尽管这在当时是非常理性的提法（下文还会论述这个问题）。笛卡尔的基础主义认识论纲领（除隐藏在其中的科学方法论外）对科学研究的作用也很小，甚至可以忽略不计。当然，笛卡尔的这些方面在乔姆斯基的任何工作中都没有发挥作用，也没有对目前"乔姆斯基范式"下所做的研究有实质帮助，更没有在《笛卡尔语言学》一书的分析中占据突出的地位。

3.1 自然科学

笛卡尔（过去证明可行，现在仍然可行的）真正贡献体现在别处。首先，他提出了产生自然科学的方法论。笛卡尔坚持认为，科学方法论不同于人类为了生存发展解决现实问题时所采用的方法。因为解决实际问题时，人们使用的是常识（笛卡尔称作"bon sens"）

的内在概念。他的这一认知体现在《谈谈方法》一书的第一部分。笛卡尔反思自己的成长经历,认为从"文学"教育中获得的甚少,甚至觉得学习数学时走错了方向。他曾认为数学很实用,可用于工程、建筑等等,后来才发现数学在科学中的价值,数学为把握原则、构建理论提供了形式化工具。有了这些原则和理论,人们就可以探索常识概念无法企及的万千世界。因此,它们在帮助我们把现象理想化,构建关于现象的简单、抽象的描述框架,以及研究或验证这些框架中扮演着关键的角色。伽利略也沿着同样的思路采用数学方法描述影响物体运动的因素,如斜面滚球实验中的加速度、加速度的变化。伽利略还建立了描述钟摆运动的数学方法,发现了钟摆摆线或摆杆的长度对摆动的影响。对于复杂现象如植物生长,人们不可能从顶端达到对它们的科学认识,需要从基础成分开始,并期待这些基础成分最终有助于解释,并结合其他研究共同解释复杂现象。在每个研究阶段,人们都会创设把现象理想化的理论,并尽力控制不相干因素以开展实验,等等。这些理论有可能假设一些对人们来说十分陌生的属性、力、实体等。但事实上,人们也许应该对此有所期待,因为创新总能或总是超越日常经验。

笛卡尔在《对一个纲要的评注》(《笛卡尔哲学著作集》第1卷,第303-304页)中解释内在概念(或"观念")时对概念做了区分。他认为存在两类概念:一类概念生来就有,存在于心灵中,如三角;另一类概念是"偶发的",需要某种机遇或触发经验才能出现。以对太阳的"通常看法"为例。这种看法源自内在的、偶发的(常识)概念——太阳。这两类内在概念完全不同于另外一种太阳概念。此概念是由研究太阳的理论科学家"制造"(创造或生产)的。自然主义的理论构建不同于实际问题的解决,例如决定是在烈日当空的中午时刻种植,还是只在清晨或午后从事这种活动。对太阳的"通常"概念/观念能有助于实际问题的解决,而且,这些概念适合于每个人。我们时时刻刻都在应用这些概念,例如,在考虑是日出之前起床,还是再睡一个钟头时,就在应用这些概念。但是这些通常概念对于科学家来说毫无用处。在科学世界,太阳并没有东升西落,也不会划过天际。在科学世界,常识概念的指导意义微乎其微。人们必须遵循笛卡尔所称的"自然之光"。"自然之光"可被理解为通过简化理论来寻求自然的简单性。这些理论需要通过实验去证实,开展实验时又需要控制不相关因素。类似的观点在笛卡尔的怀疑论的沉思中也有提及:要想全面解释现象,我们不能依赖于常识给我们所描绘的世界以及世界万物。我们不能假定那张片纸是黄色的,或者就像乔姆斯基所说的那样,不能假定语言是某种公共产品,是从父母或朋友那里学来的,是可以用"正确使用"的规则来描述的等等。由于选择了寻求简单性这条道路,所以人们就会摈弃日常的认知,提出形式明了的抽象理论,同时期待这些抽象理论可以与其他科学家或科学的发现相融合。这对于任何一门科学的发展都至关重要。如同伽利略和笛卡尔一样,乔姆斯基经常指出,语言科学研究也需要理想化,也需要构建理论。只有这样人们才有希望达到真正的理解。

笛卡尔的思想启发了自然科学,这种人们能够开展的自然科学研究从广义上讲,是一种研究策略或方法论。不论哪个领域的科学家在构建关于自然现象理论的过程中都会追求描述的充分性和解释的充分性。科学家追求简单性。为了达到简单性,他们构建清晰的形式化理论,把研究现象理想化。科学家也追求客观性。为了达到客观性,他们放弃了以人类为中心的常识概念,因为这些概念虽然有助于解决实际问题但无法帮助构建客观理论。笛卡尔遵循这些科学原则,在当时就取得了卓越的成就。例如,他详尽细致地解释了光学;饶有兴趣地研究了神经生理学,所采用的方法沿用至今;提出了一种宇宙理论;提出、证明了接触力学,并努力将这一科学变成"万物理论";他甚至为视觉计算理论指出了可行的方向。不过,尽管笛卡尔提出了视觉计算理论的基本原理,但他裹足不前,并没有把这些方法运用到心灵研究中来发展心灵科学。[①]

3.2 语言的创造性

笛卡尔不愿运用科学工具来研究心灵,可能是受伽利略宗教审判的影响。笛卡尔有可能不愿意让别人觉得他看起来是在用自然主义的方法解释心灵,或解释教廷所说的灵魂。如果真是这样,与我们也没有太大关系。但是另一点就与我们有关,且至关重要。笛卡尔试图用科学提供的方法,特别是接触力学所用到的方法,解释语言使用现象中的创造性。上文我们已经讨论过,语言的创造性现象对心灵科学至关重要,至少对取理性-浪漫主义策略的学者来说十分重要。我在此要详尽论述这一点,并会描述笛卡尔所做的一些不充分的尝试。我们可以从他的错误中吸取教训,这些错误在当时是可以原谅的,但在今天就不可以了。

笛卡尔在《谈谈方法》的第五部分谈到了语言的创造性,亦即,

---

① 笛卡尔可能在《世界》最后一卷中讨论过这些问题,但是当他听到伽利略的遭遇时,就销毁了这部著作。所以,具体他是否讨论过这个问题,可能是个永久之谜。

在详尽介绍如何用接触力学解释一切(如宇宙学、神经生理学、光学等)之后,谈到了语言的创造性。依据笛卡尔的理解,接触力学能有效地描述、解释与"身体"有关的一切。语言的创造性现象表明有些现象超出了他所理解的科学的范围。只有像"创造性原则"这样的设想似乎才能解释这些现象。从接触力学的确定论角度审视,语言的创造性现象是荒诞的。于是笛卡尔推论说,如果科学无法解释这类现象,一定是因为某种非身体的东西发挥着作用。笛卡尔称之为"心灵"。

笛卡尔假设(但并没有经过论证)人人都知晓自己有心灵(按他的说法讲,人是理性的、思维的存在)。那么如何确定其他的存在(如类人类、动物或机器)是否也有心灵?他建议可以对他们进行提问或诱导他们说话,然后观察他们的语言行为。[①] 他认为,观察使用语言的方式足以能够确定你是在和人类而非僵尸、机器或动物交往。之所以足以能够确定,笛卡尔认为是由于人类使用语言时体现了创造性。他十分严谨地指出,他所说的人类包含各种智力的人,显然与教育程度或社会地位等无关。但是,这种创造性不存在于其他生物体的行为和行动中,即使它们经过训练会发音或写字。这种创造性也不存在于机器中,即使这些机器已经内建或内置了发音或写字程序(或通过广义学习程序"学会"了发音或写字)。[②] 笛卡尔

[①] 笛卡尔认为动物是机器,动物的行为取决于外部刺激和内部状态,可以用确定论的接触力学(包括对神经生理功能的机械解释)来解释。我们知道,他用这种方式看待问题是错的,但他的测试适用于任何情形。

[②] 这一测试本身具有明显的局限性。具有正常语言能力的人由于创伤或疾病有时(可能暂时)也会无法使用语言。极其常见的一个例子就是,正常说话的人做了喉咙手术后就不能说话了。还有其他一些情况,从科学家的角度来看意义非凡,因为这些事

写道：

[没有一种动物或机器]能像人类一样为了向他人表达思

例揭示了人类语言和心灵的一些新特征。笛卡尔的心灵检验仍然是最容易的，操作起来不需要任何特殊技能或知识。艾伦·图灵改造了笛卡尔的测试法。不过，其测试跟笛卡尔的测试仅在形式上略有不同。图灵建议在可编程的机器上做检验，并乐观地预测，到 2000 年计算机就可以通过测试。尽管其预测不正确，但是他的其他观点依然很有价值。1950 年，他在《心灵》杂志上发表的论文"计算机与智能"受到了更多的关注。他提出了诸多真知灼见，其中之一常常被忽略，那就是即使机器确实通过了测试，也没有确定任何事实，没有解决任何科学问题。这一测试没有提供任何证据来支持特定的心灵科学，也没证明心灵的工作机制与通过检验的计算机工作机制一样（正如深蓝机器人在国际象棋比赛中获胜，不能说明象棋手的思维方式跟机器的一样）。它唯一能告诉我们的是，机器的成功可能帮助我们决定是否说机器会思考，换言之，决定是否改变人们语言的用法，然后说机器会思考（现在经常这样做，尽管并没有满足图灵测试的严格要求）。对于研究心灵的自然主义科学家来说，这个问题就如挖掘机是否会挖掘、潜艇是否会游泳之类问题一样有趣。正如语言的创造性所揭示的那样，用法会发生变化，但它对鱼或者挖掘机液压系统的自然科学研究不会产生什么影响。

对于乔姆斯基来说，这一测试的意义截然不同，它更符合图灵的另一个目标："研究人的智力"。这一测试（或更确切地说，不能在笛卡尔设想的无限制情形下通过测试）给人以充分的理由来怀疑有些问题（指构建关于语言使用的创造性的科学）是人类智力无法企及的。这一测试也强化了理性-浪漫主义研究范式中的一项基本假设：人们进行研究时应假定，人类的行为似乎是自由的，我们的科学能力在探讨人类行为方面具有局限性。生物语言学家认为，人类解决问题的能力（包括常识判断和科学能力）具有局限性。毕竟，我们是自然生物。参见乔姆斯基（1988，第 5 章）。

请注意，对于笛卡尔、科尔德穆瓦或 17 世纪的其他学者来说，这一测试的意义则完全不同。按照当时的理解，这一测试显然与物理科学原则密切相关，它还提出了一个貌似合理的假设来解决问题，即创造性一定是源于别的原则，这一原则处于非身体的"实体"中。在他们看来，引入心灵实体并将创造性原则置于其中所做的就是我们现在认为的"常规科学"。这是在为科学问题提供科学的解决方案。

显然，笛卡尔提出的解决之道没有成功。尽管自笛卡尔以来，科学包括心灵科学发生了翻天覆地变化，但科学仍然无法解决这一问题。也许我们应该重新引入乔姆斯基（1975a）提出的区别：如果人们付出了很多努力来解决一个问题，都没有明确的解决方案，甚至连希望缥缈的解决方案都没有，那么它就不是问题，而是谜。

想而使用语词或把其他符号组合在一起。我们当然可以设想构造一台可以发声的机器,甚至发声的同时做出对应的肢体动作从而引发器官变化。……但是我们不可想象这样的机器能像最愚笨的人那样把语词组合成不同的序列,从而对呈现的任何问题给出恰当的、有意义的回答[笛卡尔1637/1985(《笛卡尔哲学著作集》第2卷):第140页;强调为我所加]。

我对笛卡尔的观点做一点解释。他注意到,不同于机器或动物,人可以组合坐成无限多的语句,而且能让这些组合承载意义,恰当连贯("理性")地符合语篇语境(不是指说话人或听话人的时空语境)的要求。现实环境中可能没有任何东西导致这些语句出现。尽管一个问题或一条评论可能会激发或诱发人们用语言来传递思想或话语,但是并不会导致思想或话语的产生。例如,不管你身在何处,都可以问去剑桥的最佳方式。如果人们知道怎么去,毫无疑问就会说出一串语句。具体描述时,说话人所说的每个语句都有别于其他语句,也不同于他在其他时刻回答其他人的相同问题时所说的语句,显然也不同于其他人在当时或其他时刻所做的回答。但是,尽管这些语句因人而异,彼此不同,但都能对问题给出恰当的、条理清晰的答案。完成这一任务或其他需要语言参与的具体任务时并没有规定语句的数量上限。"无限制"是语句的特征之一,而语句产生于语篇语境,语境可以是获取信息、力图劝诫、行为批评、流言蜚语、幽默逗乐、谅解别人等等,语境抑或是在思想层面,根本没有言语或其他刺激。尽管可能会受到所提问题或其他因素的刺激(笛卡尔称作"诱导"),但人类不需要前提条件(即不需要受到外部或内部的"刺激")就可以生成数量无限的语句(即"语词的不同排列组合"),而且所生成的语句恰当、合理。显然这种行为不能源于某种外因决定的机制,因为外因决定的机制所提供的答案是其他因素导致的。这种行为也不能源于能在特定问题和情境中提供一系列具体(有限)答案的机制。如果有人坚持与此对立的观点,提出这些机制时就会遇到挑战,因为任何一种外因决定的机制都不可能为特定的语篇语境生成数量无限的语句,而且所生成的语句是连贯的、恰当的。如果这些困难还不足以说服他们的话,那么不能为这种机制成功建立一门科学就说明,持决定论看法的人的根据确实不充分。

笛卡尔是从设想而非观察的角度表达自己的检验。尽管如此,他的检验已被广泛采纳。在大猩猩尼姆·奇姆斯基和其他灵长类的例子中(20世纪70年代哥伦比亚大学找了只大猩猩做了大量的手语研究。这只大猩猩就是尼姆·奇姆斯基),笛卡尔的检验得到了验证,尽管(因为大猩猩甚至连手势语的最基本的句法和形态都不能学到)很难区分失败是由于缺乏创造性而导致的,还是由于仅仅缺乏语言而导致的。一般认为,可以在机器上模拟与人类言语相似的行为。机器安装程序后便能在终端或打印机上生成以书写形式呈现的语句,甚至生成相对真实的声音。把笛卡尔的检验用到机器上,一台会说话的机器就可以满足一人或多人的交际需要。机器对所提问题(以字母、语词等方式录入的问题)的回答与人类对同样问题的回答一样恰当。如果与人类的表现相比,机器的表现毫不逊色,人们就有理由认为机器也会思考。艾伦·图灵(1950)重构了笛卡尔检验,并(非常乐观地)预测计算机程序能满足一人或多人的交际需要，计算机对问题的回答和人类的回答一样恰当。人们修改图灵检验，举办人工智能大赛（罗布纳竞赛）。参赛机器要求在指定时间与两个终端互动，其中一个终端受程序控制，另一终端由人来操作。如果评奖人觉得一台机器对评奖人问题的回应与人的回应或期待从人那里得到的回应一样恰当，那么此机器程序就会得奖。目前还没有程序获得这一大奖，因为比赛虽然有时间限制，但提问的主题或情境（事实上就是笛卡尔检验）则没有限制。

需注意的是，图灵检验假设任何（具有相关语言能力的）人都能理解动物、机器或人所说的话，也能操控检验。该假设提出一个问题：是什么资源使人类能理解所说的话并判断这些话语是否恰当。显然，对此没有人会做人类语言行为因果论的解释。若果真有这样的理论，我们就可预测到机器或人要说什么，或至少能限制所给答案的范围；我们将会处在上帝的位置，讨厌人类，讨厌人类虚假的新奇和创新。但是，这样的幻想充其量只是哲学家的妄想，没有什么可取之处，现实经验或科学根本不会认真看待，根本无法回答是什么资源使人类心灵可以理解别人的话语、判断话语是否恰当。但是在序言第 2 节的讨论中，我们看到人类有许多资源，包括"民间"常识原则、相同的生理基础、环境和兴趣等，以及共享的生理信息、语篇语境信息以及由于与说话人熟悉而获得的信息。至今还没有一个机器程序能通过图灵／笛卡尔的无限检验。这并不奇怪。机器不是人。机器可以模拟人类的行为，执行具体的任务，并且常常在应对具体的场景和问题时做得更好。计算机甚至可以赢得棋赛，但是它们下棋的方式与人的不同。

笛卡尔用理性来"解释"创造性。他甚至走得更远，提出理性是普遍的工具，可以解决任何问题（见《笛卡尔语言学》）。显然，笛卡尔有自相矛盾之处：理性如果不能解释语言的创造性就不可能是普遍的工具。我们目前做得更好，把语言的创造性归为人的生物属性。生物属性使人具有认知能力，包括生成无限语句的能力以及理解和解释语句的能力。我们可以依据所理解的语篇语境来判断语句的恰当性。我们之所以可以理解是由于我们和那个说话人一样都是人类，我们有内在资源。

显然，目前科学还无法解释创造性。语言和语言所提供的认知资源在我们理解自己和世界的过程中、在解决日常问题过程中发挥着核心作用，目前科学也不能很好地解释人类的行动和行为，因为大多数情况下语句表达的概念仍然发挥着重要作用。然而，我们可以通过研究特定的内在系统发展心灵科学。如前所述，乔姆斯基的语言科学就是内在系统的理论，目标是建立依赖一套原则或规则就能产生一种语言的"生成"理论。该理论从特定的词项集合中任意选取词项，结果输出音义组合体——语句，否则推导就崩溃。但这仍然属于决定论，无法解释人类如何创造性地使用语言，也无法解释人类的语言行为和语言行动。但是，该理论有助于我们理解为什么已经观察到的创造性现象是可能的，为什么是人类所特有的。

总之，"常见的"语言创造性现象是非外因引发的、无限的 / 创新的、恰当的 / 连贯的。我们很容易解释为什么这是人类所特有的。就目前所知，只有人类才有语言官能。语言官能是存在于大脑 / 心灵中的有机系统，大脑 / 心灵还包含其他众多系统，其中部分系统跟语言系统之间会进行"信息交换"。

解释语言的创造性如何成为可能，这并不是科学的解释，而是借用目前的心灵科学，特别是语言科学，去努力解释观察到的语言的创造性特征。首先看引发这一特征的非外因因素。我们有理由提出，这一特征跟如下事实有关：心灵是模块的，语言是模块的，语言既不是输入系统，也不是输出系统。说语言是模块的，至少是说语言依据独有的原则运行，其接收系统特有的输入，为官能提供系统特有的输出。说语言既不是输入系统，也不是输出系统，是说语言系统不像感知系统或输出系统那样直接处理源自脑外的信号或其他形式的输入，也不直接导致机体运动。语言系统的这些特征并不能完全令人满意地解释语言系统展现出的高度自主性。尽管如此，它们还是给出了合理的解释，也许是我们目前所能给出的最佳解释。

无限性或创新性可能与语言官能的"能产性"有关。[①] 语言生成理论如果正确的话，就告诉我们，理论上讲语言官能可在"感知-意向"界面提供无限的"视角"（借用乔姆斯基的术语）。这些视角可被看作是概念的复合形式，常常是指用语句"表达"的概念。这些无数的可能输出都是离散的，每个复合形式（如语句/表达/语句"概念"等）都有自己独特的结构和特征。直观地看，生成理论解释了为什么一个语句的"理解"不同于其他语句。为了避免直接使用像"理解"这样容易引发误解的词汇，我们换个略具学术色彩的术语来说，生成理论表明 I 语言"生成"的任何一个语句的内在意义或固有意义各不相同。这是因为语言主要依赖递归程序，生成具有

---

① 当然，语言官能实际上没有做任何事情，是人在做事。但是人有语言官能，就可以随意做一些事情（生成无数句子）。乔姆斯基追求的部分内容正是这一点。他坚称自己的理论是关于语言能力的理论，而不是语言行为的理论。

层级结构的表达式。每个表达式包含两类符合语言"界面"（语音界面和语义界面）要求的复杂特征。表达式之所以具有这些特征，其根源在于合并操作。合并操作把任意"概念"（词项的意义）组合起来，借助语音特征生成发音和感知系统的"声音"指令；借助语义特征生成概念-意向系统的"信息"。也就是说，语言系统与这些系统之间存在着"信息交换"。各种条件限制了人们可以理解的视角数量，也限制了人们可以使用的视角数量。这些条件包括记忆限制、"语法处理"限制、嵌套结构的形式等。但是不管怎么看，语言仍具有强大的表达力。据合理推算，用适量的词汇能生成的可理解语句的数量远远大于人们一生所说或所听到的句子。就语言使用的创造性而言，这些数量足够多。问题是无论是什么具体的语言"任务"（如建议、描述、质问、责骂、闲聊等），无论在什么语篇语境［以及斯特劳森（1950）称作的"实时的兴趣关注"］下，我们都无法设定人能理解和生成恰当得体的语句的数量上限。

　　语言创造性的恰当性的情况怎样呢？如果语言产出是由说话人当下的情境引起的，语言行为的恰当性问题就不会产生。当然，人们可以问，外因决定的（大概是演化而来的）"认知"系统所生成的输出是否会增加有机体存活的几率或其他诸如此类的问题。如果沿着这种思路来思考（人们大声说出或头脑中想的）语句的恰当性，那就说明你完全误解了恰当性。语言行为的恰当性之所以成为一个问题是因为人类的语言行为是非外因引发的，具有创新性。面对需要语言发挥作用的语篇情景或任务时，人们必须选择"说什么"，而且这种选择常常是开放的。如果觉得只是在真假话语间做个选择（即把一个语句的"是"改为"不是"），那你就大错特错了。

这类选择只会出现在下列情形中，例如，要求人们描述某个东西，而不是跟客服抱怨电话打通前等待的时间太长，或为了让听众理解一个观点，而讲个神话或寓言故事等等。即使是为了完成描述任务需要在真假话语间做个选择，讲真话的方式也有无数，说假话的方式也很多。鉴于此，展现恰当性的最好方式可能是，首先，要注意，判断恰当性需要依赖资源，且这些资源超越了语言官能自身的范围，涉及到大脑的其他系统；其次，必须铭记，多模块系统通过它们之间"界面"会进行"信息交换"，在研究多模块系统时，处理复杂系统的全部信息输出，远远超出了人类所能构建的任何科学的范围。这并不奇怪，因为要处理多个系统同时运行所输出的信息，就需要找到一种方式来处理各系系统间的大量交互作用。宇宙学家很难提出理论来确定三个移动质点体在任何一刻所处的状态，找到四个或更多移动质点体所处的状态更加困难。为多个心灵系统的复杂交互构建理论极有可能超出了现在科学力所能及的范围。即使在将来同样如此，因为将来我们的认知资源和现在的一样。判断别人说的是否恰当需要调动所有的心灵资源，但是我们处理得十分恰当。我们处理的好并不是因为我们在言语社团受过良好的训练，（显然）也不是因为我们是全能全知的神，更不是因为我们持决定论，而是因为我们和说话人都是有机生物体，有人类特有的认知资源。我们使用这些可用的资源来"解释"、理解别人说的话语。

我们再来看笛卡尔。显然，笛卡尔对现象的观察促使他放弃了构建心灵科学的努力，转而尝试解释创造能力的限制条件。但是他的研究并不是围绕我们上面提到的这几个特征，这些特征预设心灵研究应符合他所倡导的科学方法论标准。相反，他提出心灵是另类实体。这样做就成功地把心灵置于他所构建的包罗万象的科学——接触力学之外。笛卡尔假设科学研究的对象是被动的"物体",并进一步假设接触力学是关于所有事物的理论(比如他认为神经生理学是这样的一种理论),当面对人类心灵展现出的非被动的创造性特征时,他通过引入非物体来"解释"创造性,把心灵置于当时所构建的科学理论之外(见前面第58页注释①)。

就当时的知识来看,笛卡尔并没有明显的错误,但后来发现错误源于他提出的接触力学,这在半个世纪之后才被发现。正如乔姆斯基多次提及的(乔姆斯基1988a,1996,2000),其中的一个致命错误是牛顿发现的。牛顿指出,接触(以及接触力学)不能解释引力。[①]描述、解释引力需要假设存在一种力,但这种力对于追随接触力学的人来说完全是神秘的,有"超距作用"。笛卡尔的接触力学失败了,随之失败的还有物理行为都是接触的结果这样的假设。接触力学不能是关于所有事物的科学,不能解释物理世界的基本特征。若笛卡尔早知道这一点,就可能提出心灵和"物理实在"之间没有障碍,但事实上他认为有。如果"物理实在"(指物理学研究的实在)不是他原初在接触力学中构想的"物体"的话,从接触力学视角看,人们就一定会认为存在某些神秘的力量。此外,如果这些神秘力量只能用形式化的数学理论来解释,自然也就开始变得无法用

---

① 或许是因为常识性的观察,例如,要移动椅子,就必须跟椅子接触,接触力学或接触力学显而易见的特征仍然影响着牛顿。他甚至认为毫无接触的行为是"荒谬的",并尝试通过引入"微妙的以太"来挽救接触力学。他还做出各种奇怪的举动来证明这样的努力是合理的。当今,接触力学仍然发挥着作用,否则就很难解释为什么当代致力于身心问题研究的哲学家会继续认为笛卡尔的"身体"概念是正确的。详细讨论见下文。

我们的常识直觉去理解了。科学及其形式化工具不管看起来有多么不符合直觉，它们都为我们提供了理解自然的更好方式。因此，可能我们对"物体"的直觉、对笛卡尔和笛卡尔之后所理解的"心身问题"的直觉是不可靠的。我们应该严肃对待这种可能性。我们也应该允许科学中的"物体"有心理特征和活动。笛卡尔对物体的直觉认知是错误的，这种错误认知给构建心灵科学带来了障碍。显然现在这种障碍消失了。我们可以开始构建心灵的"物理"科学。从方法论上看，这样的心灵科学符合自然科学研究的规范。但是笛卡尔没有这样做，不过，考虑到他坚持的设想，不这样做的原因也是可以理解的。

然而，不幸的是，牛顿之后的许多哲学家和科学家没有领会牛顿发现的价值。他们似乎没有注意到为心灵构建"物理"科学毫无障碍。只有认为笛卡尔的接触力学是正确的并严格地按照接触力学理解"物体"才会产生障碍。如果科学家抛弃笛卡尔对物体的看法，"物理理论"最终就会假设存在各种力和"实体"（这种实体对于笛卡尔的"物理"概念来说是神秘的），结果我们就可以说任何满足自然科学规范的科学都是"物理学"了。沿着这种思路追寻到底，乔姆斯基（追随洛克、普利斯特利以及他们的前辈）常常指出并不存在身/心二元问题（1988a）。① 只有到心灵和物理世界的科

---

① 乔姆斯基在最近的演讲和论文（即将出版）中指出，哲学家现在倾向于关注一个完全不同的问题。这个问题是多年以前伯特兰·罗素用一位盲人物理学家的例子提出的。这位盲人物理学家非常了解宇宙的因果结构，但是他无法感受到蓝色，问题是一门完备的宇宙科学是否可以不理会经验？罗素的答案（或至少他的答案之一）本质上是，物理学的目标在于构建"世界因果框架"的客观理论。物理学这样做了，并为了实现这一目标而引入了形式化工具。但是它并不能解决所有问题，其只能解决科学工具

学满足成功科学的标准,科学研究的对象并不是笛卡尔认为的那样

所能企及的问题。鉴于此,经验世界中主要以人为中心的诸多方面超出了科学研究的范围(参见下文第二段)就不足为奇了。科学受到其目标的限制,同时还受到成功完成任务所需工具的限制。(当然,如同科学一样,我们用来建构、理解科学的日常经验和常识概念也不能为我们带来希望。这些经验和概念同样有局限性。)

我认为,与近期讨论这个问题的方式相比,用罗素的方式来表述这一问题更能抓住问题的实质。近期学者们讨论科学是否可以处理红色经验以及猜测我们是否能知道"成为蝙蝠"(鼬鼠、章鱼等)会是什么样子,等等问题。罗素讨论的重点并非在不同领域第三人称和第一人称理解上的差异,而是人类的认知能力以及认知能力所提供的工具。把重点放在认知能力以及运用认知能力的工具,这不但清楚地表明科学和常识所提供的东西存在巨大差异,而且还指出一个事实,即无论我们拥有什么,我们都是以生物体的身份来拥有它的。我们的任何认知能力都有局限性,都会受到不同的、特定的限制。常识以人为中心,很容易接受语言的创造性。常识非常依赖天生的概念工具和人非凡的组合能力。人的这一组合能力源自于可以把任意选择的概念组织在一起的系统。因为概念工具和组合能力两者都可以"随意使用",所以儿童早期就可以非常灵活地使用常识(如我们所见,这种灵活性一直存在)。但是,常识不能提供真正客观的(不以人为中心的)描述和解释,而这正是科学的任务。我们已经看到,科学很难处理"日常"的语言创造性,但是科学在如何使用特定科学的符号这一问题上达成高度一致。显然,我们至少有两种"认识"世界和自我的方式。两种方式不能互相替换,各有特色。每种方式都有其生物基础,尽管对于科学形成来说,生物基础是什么并不那么明显(有关科学具有生物基础的论证可参看乔姆斯基 1980/2005)。

从这个视角来看哲学家对此问题的讨论,会有一定的启发。以感质问题为例。哲学家可能会说,经验到红色本质上是个心灵事件,超出了"物理"科学的范畴。但是,很容易就看出,我们很难捕捉到经验的独特心智特征。人们需要什么样的"配置"才能经验到这些呢?目前最佳的回答倾向于认为人就是一种具有某些生物物理配置的生物体。然而,这样的回答对于独特的心智领域没有丝毫帮助。如果人们需要描述红色的经验,很难使用自然语言的术语(不同于哲学家的"感质"术语)来描述。人们只会说你看那边红色的东西,这样说是把红色归于"那边"的东西(很可能是脑外的东西),并不是把红色归于某种心灵事件。颇具讽刺意味的是,视觉器官的计算理论比常识或哲学术语更能清晰说明颜色(更专业地说是色相、亮度和饱和度的结合)应该存在于心灵/大脑中。当让人们描述经验时,讽刺意味就更加明显。自然语言通常将颜色视为"外在"物体的表面属性,而颜色词(如红色、黄色、绿色、蓝色等)非常有限。如果有人想要精确地描述色彩经验,最好运用描述视黄斑的术语,如色相、亮度和饱和度(要描述涉及颜色理论其他方面的颜色经验,如棕色和荧光色的经验,将需要补充色相、亮度和饱和度等术语)。这样做就可以找到颜色在大脑中的清晰位置(甚至是颜色所在的不同位置),

时，才可以说不存在心/身二元问题。不同于维特根斯坦那样的怀疑论者，关注真正问题的哲学家或许直到此时才可以永远放弃所谓的"心/身二元问题"，一个自牛顿以来就已不存在的问题。

当然，语言的创造性对心灵科学提出的挑战依然存在。但是，如前所述，这些挑战可以通过内在论和先天论方法（这些方法承认人类的认知能力有限）来解决，也可以通过注意到任何行为包括言语行为都是系统大量交互的结果来解决。我们可以理解且真的已经理解了创造性何以成为可能。但是我们没有完全放弃心灵科学，也没有采纳经验主义者所尊崇的方法二元论，而他们几乎放弃了心灵科学。

3.3 心灵计算理论

人们能理解笛卡尔把心灵置于自然科学之外的原因。但是这样做等同于把自然主义研究放在了一个狭窄且肯定十分沉闷的空间。此外，这样做也使笛卡尔不能对天赋观念做合理的解释。他在《对一个纲要的评注》（《笛卡尔哲学著作集》第1卷，第303-304页）中提及，天赋观念就像人们在一些家庭中发现的患某种疾病的倾向，患病倾向需要通过生殖和遗传过程来做科学的解释。但是把（跨人种的）普遍观念和心理条件（如感觉颜色、声音等）置于心灵中，这就排除了"物理的"或自然主义的方法对观念的普遍性和早

并根据需要对颜色做尽可能精确的描述。心智主义者用科学的"第三人称"术语来讨论颜色感质，要远胜于用经验的"第一人称"术语来讨论。至于"物理主义者"，他们对身体的认知通常是笛卡尔式的。这一点文中也有说明。但是，几个世纪前，物理学家放弃了身体这一概念。从这一点来讲我们很难说物理主义"胜利"了。

期习得过程的解释。但是像笛卡尔那样诉诸上帝来解释天赋观念完全没用。他本来可以把心灵科学置于他倡导建立的自然科学研究范式内,而且这样做一定受益匪浅。

可以说,笛卡尔几乎是能够构建视觉感知理论的,因为心灵设定视觉经验的典型方式人人相似(就是在视网膜中心片刻呈现出色彩和空间)。鉴于刺激贫乏、非相似性① 以及跨物种的一致性等,笛卡尔提出,视觉感知既是心灵的又是内在的。② 笛卡尔假设虽然视觉感知属于心灵,但它却是内在的、普遍的,因此,他能够意识到,或许也应该意识到,一定可以对婴儿如何和成人一样拥有视觉感知这一问题做出自然主义的解释,这就如同可以对疾病做出自然主义的解释一样。当然,我们不能保证自然主义研究一定会成功,但是刺激贫乏和一致性观察为我们假定这种研究会成功提供了合理基础。

---

① 笛卡尔观察到,鉴于光学揭示了眼睛、视网膜和光线的特性,信号、视网膜和眼球的属性最多与"看到的东西"相对应,与有色彩、有形状的视域相对应,与参与视域形成的深度感相对应。眼球的各种"运动"等对我们的"灵魂"产生一定影响,但它们明显不同于我们感知到的心智品质(如光、颜色、位置、距离[深度]、尺寸、形状等)。自然"规定……这些运动使灵魂有了这些感知"(《笛卡尔哲学著作集》第1卷:第167页)。笛卡尔可以用同样的方法研究声音,比如,鼓膜振动对应于我们听到的E大调。这些方法也可以用于研究触觉等。

② 乔姆斯基在评论本序言的初稿时向我指出,笛卡尔观察到了视觉的贫乏,并主张欧几里得几何天生存在于心灵中。实际上,笛卡尔不仅提察观到了贫乏问题,而且也明白需要用一种理论/一门科学对此做出解释,这一理论/科学要探索心灵给经验带来了什么。乔姆斯基说:"据我所知,笛卡尔是第一位清晰地陈述了刺激贫乏问题的人。他在《屈光学》中有一段文字,讲述了婴儿初次看到图形时是如何将其解释为扭曲的三角形,而不是解释为其他奇形怪状的图像的完美展示。他的这一观点非常接近于假设欧几里得几何是人类心灵天生就具有的东西,也为基于刺激贫乏来开展感知研究提供了一个框架。"

第三版序言

假设内在性、心智性(即"在心灵里"),刺激贫乏、普遍性、非相似等现象就可以得以解释。这样人们就按科学研究方式来开展研究:观察研究对象或与之有关的现象,注意细微的差别,构建描述实体或事件的形式数学工具,以精确为目标,整合假设,解释问题和异常,建立因果原则,详述算法等。为了便于大家了解笛卡尔的成就,同时也为了指出他本可以实现的目标,我就以当代视觉计算理论的构建、研究目标和研究方法为例进行阐述。视觉理论有诸多任务需要完成,但其核心任务之一是解释视觉系统的各个部分(包括视网膜、外侧膝状体核以及大脑视觉区)如何处理"输入"从而生成"人们片刻看到的景象"。视觉输入以视网膜锥体(聚焦于彩色有形视觉部分,先不考虑视网膜杆体)释放神经递质的形式存在,是对光量子刺激做出的反应。这个过程相当复杂,[①]可以通过对视觉系统各部分的运行进行数学描述来刻画。通过数学描述可以说明如何"处理"杂乱无章的输入从而在视网膜中心(由于视网膜锥体中央是凹陷的)生成清晰度高的彩色形状。理想一点讲,人们最终形成一个形状/空间,在此形状/空间内通过测量(呈现在视网膜中心上的)片刻视线的高度、方位角、深度可以确定方位,形状上的每个点位也都赋予了色调、亮度、饱和度等"色"值。总之,人们生成了一幅精细的分辨率极高的彩色空间地图,而这是人类的视觉系统在瞬间即可完成的。这幅地图就可被用来以色彩和空间的术

---

① 早期的解释参见戴维·马尔(1982)的《视力》。他的解释今天看来依然令人赞叹。尽管他有关色彩处理的观点代表不了最高水平,而且《视力》一书20世纪80年代初出版之后,视觉的其他领域研究也取得了长足的进步,但他的研究方法至今依然是个典范。

语描述任何正常人"片刻看到了什么"。描述时唯一所需的就是详细说明视网膜阵列"输入"的值。视觉理论对色彩和（视网膜中心）空间方位做了细致的描述，比"那里现在的表面是红色的"这样的描述精细得多。一般来说，与自然语言中的色彩和空间语词相比，视觉科学对感质的描述，确切地说是对片刻全部感质空间的描述更充分。先不管这意味着什么，这肯定不是"从内部"描述空间的色彩和对空间的经验。但是就科学描述所能做的而言，也肯定没什么关系，而且任何对于"人们能看见什么"的严肃研究，都是像人类能够的那样去描述的，或者说期望在完成时像人类能够的那样去描述。

乔姆斯基研究语言学时也怀有相同的目标：假定在某一时刻依据内在语言特征详细规定某人的词汇[①]以及参数设置，（原则上）就有可能确定内在语言所提供的、由语言来表达的"视角"。换言之，"所传递的意义"有可能被投射（此处的"意义"是指语言学意义上的"意义"——可能的意义）。当然，实现该目标还有很长的路要走，但这至少指出了计算理论在语言官能中的终极目标。语义投射和视网膜中心的颜色形状投射有很大的不同：视觉投射已经捕捉到可能的经验，但语义投射尚未触及到意识。但是，二者都表征了自身系统的"输出"层面，理论也给我们描述了二者的样子。

[①] I语言类似于特定个体的言语。更确切地讲，I语言是个体的、内在的和内涵的语言。前两个术语，"个体的"和"内在的"，其意义不言而喻。说I语言是内涵的，意思是说这种语言受到"内涵"的限制。事实上，你必须要有语言理论，才可以说I语言是什么。换言之，语言是一种内涵函数：提取词项清单，确定组合原则/功能，就能决定一种语言的可能语句。实际上，假定一个人的语言官能的组合原则处于一种已知的稳定状态，我们就可以通过列出他的词项来确定I语言。

笛卡尔没有给出类似于视觉计算理论这样的成果，这显然并不是他的错；这就如他没有预见到牛顿的出现不是他的错一样。但是我认为，他确实已经向我们现在认为是正确的方向迈进。首先，笛卡尔已经意识到视觉依赖于处理，而处理可以由数学也必须由数学来表征。他已经处在构建计算理论的道路上。其次，在确定视觉深度方面笛卡尔也有重要发现：视觉系统（大量）使用视聚焦做出判断（这是一项重大发现）。笛卡尔得出这一观点，部分是由于他注意到盲人也能通过手中的盲杖触地来判断物体离他们的距离，即判断深度。他们，确切地说是他们的心灵，依据手和盲杖构成的三角来测算距离。笛卡尔还注意到，当人们看近的物体时眼睛凝视更多，看远处的物体时凝视则少。笛卡尔观察到盲人和常人的相同之处，于是，他就得出结论说，"我们通过眼睛感知深度，这跟我们通过手感知深度完全一样"（见《光学》，《笛卡尔哲学著作集》第1卷：第169页）。用现代科学的术语来说，笛卡尔已经意识到，视觉官能通过计算眼球聚焦的角度计算深度（视网膜中心的图像在眼球上聚在一个中心点上），这就是我们所感知的深度，就如同视觉颜色就是我们所感知的颜色（盲人无法利用视网膜提供的信息来计算）。我们人类是使用感知到的特征而不是使用感觉器官（盲人那里是手）的特征来找寻、识别物体。但是，这些感知的特征是心灵的特征，而不是身体的特征，就像笛卡尔认为的那样。笛卡尔看起来像是已经处在构建视觉数学理论的道路上了。完备的理论应该可以告诉我们"一个人的视觉经验会是个什么样子"，因为理论给我们提供了独特的能力，一种十分精细的能力。当然，理论并没有"告诉"我们当系统正在运作或我们恰巧看一片花儿时我们"得到了"什么，但这并不是理论本身的职责。这与第69页注释①中的讨论有关。

我们并不清楚笛卡尔为什么没有注意到他对操作（如视觉深度）进行形式化的数学描述时，已经抛弃了自己关于物体（"移动"）和物体的资源的观点，也不清楚笛卡尔为什么没有意识到他已经在构建心灵的计算理论，即心灵如何"计算"自己能够拥有的各种视觉感知。①倘若他注意到这些，就必定会承认大脑状态和大脑运行的科学（视觉官能形式化数学理论对此做了详细的描写）不应是对装有各种阀门和选通设备的液压系统（我们现在把这种描述称作"执行"操作）的描述，而这就是笛卡尔当时对神经系统及其运行机制的描述。该理论并不探讨大脑中的各部分能够"做"什么，它们给有机体产出了什么以及如何产出。相反，就像牛顿的反平方定律可以对引力和互动"物体"（质量）进行数学描述一样，该理论可以（也应该）对大脑的状态和事件的运行以及心智的感知状态进行数学描述。

4. 笛卡尔语言学：教育与政治

尽管乔姆斯基在《笛卡尔语言学》一书中并未详细讨论，但他从不回避谈论经验主义对人性的思考，也不回避谈论迷恋这种人性概念的当权派（政府部门官员，特别是现在的公司管理人员）以及协

---

① 难道笛卡尔想到的不是颜色或深度的感觉，而是由此产生的判断吗？基于他的研究背景判断，这涉及的可能不仅是视觉系统（对于盲人来说，不仅是触摸系统）所提供的内容。与此相反，显然笛卡尔认为颜色和声音属于心灵行为，是内在的，不同于感官器官的"运动"。

助当权派的众多"经理们"(其中大部分是知识分子)。[1] 经验主义者宣称,心灵和认知能力的主要方面(包括我们的语言和概念)都储存在心灵/大脑中的可塑区域。他们还宣称,人之所以为人或人区别于其他生物是由于训练和同化。对此乔姆斯基斩钉截铁地指出,这是当权派想维护这种观点带给他们的地位及权威,例如有权为他人做决定,这样做能服务于其自身的利益等。他们迷恋这样的观点:对于自身的核心利益来说,他们施展权力的对象就像是可塑的泥土,必须(也应该)在自身利益最大化的过程中不断塑造。毫无疑问,被塑造者的最大利益似乎总会变成当权派的利益。由于相信这种不道德的谬论和自我欺骗手段,当权派就竭力为自己或自己的行为辩解,至少向自己和朋友这样辩解。

经验主义的教育明显地意味着儿童需要也必须给予大量的训

---

[1] 较早的参考文献可以在乔姆斯基《走向新冷战》(1982)重印版第64页找到。他有时称知识分子(负责任的知识分子除外)为世俗的神职人员。牧师被认为是要协调神与人的关系,告诉人们应该做什么、不应该做什么,同时要维护神的权威,而世俗的神职人员被认为是要协调不同的权威之间的关系,向无知者解释"国教"中那些不太明显的原则,并证明其合理性。目前,在美国和其他资本主义国家,国教指的是一种新自由主义或新保守主义思潮。这种思潮相信"自由市场"、"自由贸易"以及市场的其他所谓的奇迹。人们认为,这些东西的存在令大量的经济和政治不平等现象变得合理。百分之八十左右的美国人不在管理岗位,他们似乎需要在这些方面得到相当多的指导,从而让这些"下层人民"遵规守矩。注意,乔姆斯基所指的知识分子包括大型公司操控的媒体机构(电视,报纸等)的工作人员。他和爱德华·赫曼建构的媒体宣传模式,能很好地解释这些知识分子的行为,并成功预测了他们是如何过滤和歪曲自己所写的东西以及如何呈现信息报告的。乔姆斯基和赫曼假定,尽管公司经营媒体的从业人员可能对自己是不是不太自由有内部争论,但他们永远不会质疑世俗信仰的文章。相反,他们以利于推广文章的方式框定向读者传递的信息。这一假定做出了成功的预测(详细介绍见乔姆斯基和赫尔曼的合著以及乔姆斯基的独著(1988b))。这表明他们的观念有一定的合理性。

练从而确保他们在"正确"的道路上掌握"正确"的概念，学说社团的语言，遵守社团的道德，恪守社团的信仰等。经验主义勾画的这幅图景看起来非常像灌输教育。在国家信仰教育中不难发现这样的灌输方式。例如，在美国，颂扬"国父"的智慧、宣誓忠诚、宣传意在赞颂非理性的忠实和顺从的历史神话以及赞扬资本主义市场经济等等。大量的证据表明这种做是有效的，至少对未成年的学生这样做是有效的。

但是，也有充分的证据表明，在早期教育的基础习得方面，经验主义的路子是错的。经验教条主义为我们勾画的儿童早期教育图景无助于我们理解事情的真相。以语言为例，学龄儿童确实在学校（而且常常在入学之前从父母那里）学得一点看起来有点像经验主义所训练的东西。为了在现代社会生存，他们的确需要这些。他们所需的、有希望得到的是帮助他们提升"语言技能"，如阅读和写作技能。不过，要发展儿童的语言技能，儿童心灵词典中一定已经储存有语言和大量的概念。这对经验教条主义者来说是一种不幸。儿童之所以已经有这些是因为他们天生就具有自主发育的语言官能和能快速调用概念（和声音）的内在机制。同样的情形也存在于道德教育中。研究表明，儿童天生就具有正义感，不允许犯罪。他们利用语言和个体发展所需的资源批评政府的行为。例如，乔姆斯基十岁时就利用这些资源在校报上谈论法西斯特别是西班牙法西斯带来的威胁。

乔姆斯基过去和现在使用相同的资源，但是目前教育部门不鼓励儿童这样做。他们鼓励儿童去运用其理解人类在其他领域的目的和行为的内在能力，例如体育运动（作为参与者和观众）、名人生活八卦等。这些热门领域再加上视频游戏以及其他形式的"娱乐"大有市场，也符合当权派的利益，能激发爱国主义，至少可以转移人们的注意力。

乔姆斯基在《笛卡尔语言学》中讨论洪堡特时简要介绍了理性-浪漫主义心灵观的教育意义。儿童读写时需要一些帮助，教育机构会提供各种各样的技能如数学计算等。然而在理性-浪漫主义者看来，儿童早期生活最需要的是接触大量的经验，从而有机会发展个人的兴趣和才能，同时得到追求其兴趣和才能的鼓励。在此我们转述康德和洪堡特的思想：人们理解自由和创新的唯一方式就是去经验。教育机构应该提供这种机会，甚至（特别是）在儿童的早期生活中就应该提供这种机会。

全面讨论理性-浪漫主义心灵观的政治意义超出了这篇序言的范围，更多细节可以参看拉伊（1995）和麦吉尔夫雷（1999，2005）的研究。这里我只讨论近年来乔姆斯基理性-浪漫主义语言研究（现在称作"生物语言学"）的进展对《笛卡尔语言学》中提及的存在已久的启蒙主义道德观和政治观的补充。就像其他启蒙主义者或信奉启蒙主义的人们一样，乔姆斯基也把自己的政治观建立在理性基础上。但是不同于启蒙主义前贤们，乔姆斯基的政治观被新生的心灵科学，尤其是具有生物学基础的发达的语言学所丰富。他的人文主义原则假设，人类是生物有机体，天生就具有特定的能力——语言。语言不仅把人和其他生物体区分开来，而且似乎也是解释认知的创造性和灵活性的核心。语言官能（很可能与同样具有普遍应用特征的天赋道德感）构成了人特有的本性。因此，近年来，由于乔姆斯基及其他学者的贡献，我们比之前对"什么是人"即人的本性是什么这个问题有了更好的理解。之前，在人的本性的解释中最受欢迎的是理性。现在，我们可以看到理性既有常识性一面，又有科学性一面。我们可以用这两种方式解决各种问题，但二者都非常依赖语言。我们对人的本性有了更好的理解。显然，我们对人的本性的解释（以及人类如何具有这种本性）属于自然主义科学研究的范畴。我们没有理由再诉诸上帝给予的神秘力量去解释。我们和其他生物体一样是自然的客体，我们具有这些特征是演化的结果。对人性的自然主义看法使我们可以理解人们如何能够界定一个合理的社会组织形式，证明或批判当下的实践，也为社会批评家们提供了建议改革或纠正错误不可或缺的工具。

51　　乔姆斯基（1996）把构建关于合理的社会组织形式的看法比作构建一个可用于评判各类项目的"看法"。这种看法假定，人有基本需求，不仅仅包括生存需求，还包括人特有的需求，例如享有自由（创造性、自主性等）、生活在有选择权的团体。乔姆斯基依据理性做出假设，认为这些需求内嵌在人的本性中。鉴于语言在确定人的本性方面的重要性以及语言的创造性，创造性／自由应是人们实现自我价值的首要选择。这也就不难理解为什么有选择权的团体非常重要。人们需要选择如何工作（进而在生产活动中选择和谁一起合作），和谁交友等等。人们进入的团体由自治的个体构成，人人都维护自治。这只是需求，但事实上，今天大部分工作者享受不到这种自治，也满足不了这种需求。这里说的大部分工作者就包括19世纪许多被称作"工资奴隶"的人。乔姆斯基关于合理的社会组织形式的观点具有系统性，可以最大程度地满足个体的自由实践，满足与其他团体成员的交流。这种观点最终就演变成他所说的"自由社会主义"或"无政府工团主义"。但乔姆斯基并没有明确规定社会组织的具体形式。围绕人的基本需求以及最大程度地满足人的需求，乔姆斯基提出了合理的改进策略。无政府工团主义或自由社会主义观点所提供的指南和目标可以、当然也必须适应特定的环境，以便提出具体的政策和建议。例如，乔姆斯基（1996）注意到，虽然自己奉行无政府主义，但现在仍建议强化政府对企业的控制。目前个体权力十分强大，只有政府才能控制他们。

乔姆斯基似乎认为，个体的确有最基本的需求。但是，让这些需求得以满足并不符合当权派的利益，更别说让它们在政治中发挥作用了。基于这些认知，我们就会发现非常重要的一点：乔姆斯基的政治著述中常常仅仅描述权力场中的个体行为以及政治组织的行为。他的政治著述有助于提升人们的意识。他详细描述的信息来自主流媒体，不过主要来自其他（整体看来更加可靠的）渠道，例如政府和学术机构对收入水平的统计、财政报告，以及其他可信的渠道（如非政府组织、内部研究人员等）。乔姆斯基把主流媒体忽略的或严重粉饰的信息挖掘出来并详尽描述（用艾琳·让德齐尔的话来说就是在"恢复历史原貌"（麦吉尔夫雷2005）），向不受世俗宗教控制的读者或听众展现手握大权的个体和这些个体所控制的机构存在的问题。不过，若想轻松地从各种信息描述中识别出存在的问题，人们必须对好的政治组织是什么、他们该做什么要有所认知。

政治组织不是自然客体，也不是自然力量，而是人类创设的机构，旨在服务于人的利益与需求。政治组织被认为服务于人的利益与需求，然而我们无须辨别就会发现，现在的民主是"麦迪逊式的"民主，而不是"杰斐逊式的"民主。这种民主推崇的理念是拥有国家的人应该管理国家,政治组织并不是为大多数民众的利益服务,而是为管理者或私有掌权者的利益服务。这些人现在主要包括企业的管理高层,对冲基金经理,资本持有人等。基于此,乔姆斯基和赫曼(1978,1979,1988;乔姆斯基1988b)提出的企业掌控媒体模式就很容易理解了。企业掌控的媒体人员要确保自身的地位,确保没有人敢质疑企业应该控制经济并最终掌管国家这一"事实"。显然,人们很容易就发现,现在的民主是麦迪逊式的民主,并非真正的、杰斐逊式的民主,是寡头政治,受财团控制。人们也知道,民主政府应该为所有民众的需求和利益服务,而不只是或不应该主要为有权力的个体服务。人们能意识到这些需求,是因为人们拥有意识到这些需求所必须的工具,乔姆斯基称这些工具为"笛卡尔常识"。

总之,乔姆斯基对人类本性的自然主义研究表明,人类在生物构造上就具有创造性,可以自由地选择与其他物种交往。理性地讲,这些研究可以也应该帮助我们判断人类如何能更好地生活在一起,同时能更好地满足自身的需求。乔姆斯基对人类本性的研究可以成为革新和建立启蒙主义道德观的一把钥匙。

致　　谢

这项研究是我在担任美国学术团体协会会员时完成的。部分内容得到了国立卫生研究院给予哈佛大学认知研究中心的基金（批准号 MH-05120-04 和批准号 MH-0512005）的资助。社会科学研究委员会的资助极大地促进了这项研究的资料收集工作。

本书的大部分内容在 1965 年普林斯顿大学举办的克里斯蒂安·高斯论坛上讲过。感谢与会人员给予的评论，这些评论令我受益匪浅；还要感谢威廉·博蒂利亚、莫里斯·哈利、罗曼·雅各布森、路易·坎普夫、杰罗德·卡茨和约翰·菲特尔，他们提出了非常有价值的建议和批评。

56 　　对欧洲知识分子的一个简短又而准确的描述是,从17世纪后的两个世纪到本世纪前25年,他们一直在消费17世纪的天才们所积累的思想财富。

　　　　　　　　——怀特海:《科学和现代世界》

引　言

　　怀特海的这句话经常被引用。这里也引用了这句话,它可以为我们在当今讨论语言学的历史提供有益的背景信息。如果拿他的话来评论 18 世纪和 19 世纪初的语言结构理论,也非常正确。然而,现代语言学自觉地将自己与传统的语言学理论分离开来,并试图以一种全新的、独立的方式来构建语言理论。尽管更早的欧洲传统对语言学理论做出了贡献,但一般而言,专业的语言学家对之毫无兴趣。他们专注于在自己的知识框架内研究截然不同的话题,这一框架无法探讨早期语言研究所涉及的问题,也无法吸纳早期语言研究所取得的真知灼见;结果,这些贡献现在或基本上不为人所知,或被嗤之以鼻。在现代,研究语言学历史的寥寥可数,而少有的这几个研究通常认为,"19 世纪之前,尚未形成语言学,所有的东西可以用几句话来概括。"[①] 最近几年,人们明显对 17 世纪、18 世纪和 19 世纪初关注的问题产生了兴趣。事实上,当时人们已经对这些

---

　　① 　格拉蒙(M. Grammont):《罗曼语杂志》(*Revue des langues romanes*) 60 (1915), p.439. 引自哈诺伊斯(G. Harnois): "1660 至 1821 年法国的语言学理论"(Les théories du langage en France de 1660 à 1821), *Études françaises* 17(1929)。哈诺伊斯基本上赞同这种说法,他认为,更早的语言学算不上"科学",他所从事的是"在语言学诞生之前这段时间的语言学历史的研究"。类似观点也常被提及。

问题进行了认真而又富有成效的研究,虽然之后就很少探讨了。这些传统问题的回归,让我们重新发现很多在那个时期(我将之称为"笛卡尔语言学"时期)人们已经清晰理解的东西。背后的原因,我后面再来叙述。

仔细研究笛卡尔语言学与当代某些语言研究的相似之处,在很多方面都是有益的。不过,完整地描述它们之间的相似性远远超出本文的范围,而且,考虑到语言学史领域令人遗憾的现状(部分是现代鄙视早期工作所带来的后果),要尝试进行这样的描述工作,还为时过早。这里,我只做一些不那么雄心勃勃的工作,即初步地、零碎地勾勒笛卡尔语言学的一些主要思想,而不去明确地分析它与当前研究工作的关系,尽管当前的工作旨在厘清和发展这些思想。熟悉"生成语法"的读者应该很容易厘清它们之间的联系。[①] 然而,我当前的研究兴趣,将决定我在勾勒笛卡尔语言学的主要思想时所采纳的一般形式;换言之,我不会试图按照笛卡尔语言学看待自身

---

① "生成语法"描述的是,说话者-听话者在说出-感知(理解)话语时,其实际语言行为背后的潜在能力。理想状态下,生成语法规定了无数语音和语义表征的结合体。我们的实际言语行为是由很多因素跟潜在的语言能力一起决定的,而生成语法排除那些干扰因素,来探索说话者-听话者是如何解读话语的。近期的讨论,见卡茨和波斯塔尔(Katz and Postal):《一个融贯的语言描述理论》(*An Integrated Theory of Linguistic Descriptions*)(Cambridge: MIT Press, 1964);乔姆斯基:《语言学理论的当前问题》(*Current Issues in Linguistic Theory*, The Hague: Mouton, 1964);《句法理论面面观》(*Aspects of the Theory of Syntax*, Cambridge: MIT Press, 1965)。[跟"能力"有关的术语包括"核心语法"(乔姆斯基,1981)。语用能力和语言行为的区别可被看作是语言和语言运用之间的区别。这一区别以各种形式出现在乔姆斯基著作中。相关文献浩如云烟。如果把文献局限于乔姆斯基的一些代表性著作,那么可以参见乔姆斯基 1975a,1980,1981,1986,1988a,1995,2000。其中,乔姆斯基 1975a,1980,1988a,2000 普通读者更容易找到一些。更多颇有意义的讨论,见斯密斯 1999。]

的方式来描述,[①]而是集中精力论述那些以相当独立的方式、重新出现在当前研究工作中的思想。我的主要目的是,让那些研究生成语法及其意义的人注意到一些鲜为人知的著作,这些著作跟他们关心的议题相联,而且往往预见了一些具体的结论。

这将是一幅合成的画面,因为没有任何一个个体持有后面将要陈述的所有观点。若有这么一个人的话,或许洪堡特就是最接近的这个人。他居于理性主义和浪漫主义思想的交汇处,他的作品在许多方面都达到了这些思想的顶点和终点。再者,将这些思想在语言学理论中的体现称为"笛卡尔语言学",这样做的合理性可能会受

[①] 对于我所说的"笛卡尔语言学",很多人都做出了贡献。不过,我们不可以认为,这些人都觉得他们构成了一个单一的"传统"。他们肯定不这样认为。用"笛卡尔语言学"这个概念,我是想概括一些思想和研究兴趣的特征。这些思想和研究兴趣出现在"普遍"语法或者说"哲学"语法的传统中,而"普遍"语法或者说"哲学"语法是由波尔-罗雅尔的《普遍唯理语法(1660)》发展而来的;这些思想出现在浪漫主义时期及紧随其后的时期中形成的普通语言学中;还出现在理性主义心灵哲学中,后者在一定程度上构成了前两者共同的背景。普遍语法的渊源可以追溯到笛卡尔,这已经成为老生常谈。例如,圣伯夫把波尔-罗雅尔的语法理论看作是"笛卡尔主义的一个分支,不过笛卡尔本人并没有提出笛卡尔主义这一概念"(《波尔-罗雅尔》,第3卷,1860年,第539页)。浪漫主义时期的普通语言学与这个复杂体系的关系,并不那么明显,但是我将尽力证明它的一些核心特征(以及我认为它最有价值的一些贡献)可能与笛卡尔派的先驱有关。

因为是在这个框架内讨论语言和心灵的浪漫主义理论,所以我就被迫忽略了这些理论的其他重要的、颇具特色的一些方面。例如,(且不论正确与否)有机论(organicism)被认为是为反对笛卡尔的机械论而提出的,对此,我就没有详细讨论。总的来说,必须强调的是,我这里所关心的并不是某些思想和学说的传播,而是它们的内容,最终,关心的是它们在当代的重要意义。

我们可以把此类研究看作是对笛卡尔语言学所做的、更全面探讨的一部分,亦即可以把笛卡尔语言学跟可以称之为"经验主义语言学"的一些学说和思想进行对比,并用现代的结构主义语言学和分类语言学,以及现代心理学和哲学中类似的发展状况来阐释,这样做一定大有裨益。然而,这里我不会尝试全面或清晰地去区分它们。

到质疑。质疑的理由主要基于以下几个方面：第一，语言学理论中的这些思想源于更早的语言学著作；第二，对这些思想做出最多贡献的几个人，肯定会认为自己是反对笛卡尔学说的（见注3）；第三，笛卡尔本人很少关注语言，他少有的几句评论也可以有各种解读。这些异议都有一定的分量。不过，我仍然认为，在本文所回顾的这段时期，对于和某种心灵理论相关的语言本质，学者们提出了一系列的思想，并得出一些富有成效的结论，[①] 而这可被看作是笛卡尔革命的产物。无论如何，这一术语是否合适并不重要。重要的是，确定在前现代时期所积累的"思想财富"的本质，评估这些贡献在当代的意义，并想法利用这些财富来推进语言研究的发展。

---

① 请记住，在我们讨论的这段时期，语言学、哲学和心理学还没有分离开来。坚持每个学科都应该"摆脱"其他学科的污染，这是现代才有的一个奇特现象。对于语言学在其他研究中的地位问题，目前生成语法的立场又回到早期的观点上了。

语言使用的创造性

虽然笛卡尔在其著作中只是稍微提到了语言,但是他关于语言本质的观察在阐述其一般观点时发挥了至关重要的作用。他集中精力、认真探讨了机械论的局限性,在这个过程中,他的研究超越了物理学的范围,进而涉及到生理学和心理学。他相信如果假设每个动物就是一台自动机,那么动物行为的各个方面就可以得到解释。① 在研究过程中,他还提出一个重要的且具影响力的思辨生理学的生理系统。他得出的结论说,虽然在很大程度上,机械论可以解释人体的功能和行为,但是人独有的能力无法用纯机械论来解释。最能清晰展示人与动物之间的本质区别的是人类语言,尤其是,人类能够用新的陈述来表达新思想,而且这些陈述在新语境下

---

① 至于他的假设是否一定正确,他认为这超出了人类理性的范围,所以没有给出答案。他只是声称这些解释性的假设是恰当的,尽管很明显它们并非唯一可行的解释。参见《哲学原理》第四部分第 204 条。

有一点我们必须牢记,那就是,笛卡尔讨论机械论解释局限性的背景。这并非心灵是否存在的问题,因为心灵作为一种实体,其本质是思维。笛卡尔认为,通过内省就明显可以感知它的存在——其实,它比身体的存在还容易证明。问题的关键在于其他心灵是否存在。这只有通过笛卡尔和他的追随者所引用的间接证据来证明。现代的研究者认为,这些证明不太有说服力。例如,皮埃尔·培尔认为,笛卡尔无法证明其他心灵的存在,"这也许是笛卡尔主义中最弱的一点"(Rorarius 词条,见培尔:《历史的和批判的词典》,1697; *Historical and Critical Dictionary*, trans. R. Popkin (Indianapolis: Bobbs-Merrill, 1965), p. 231)。

还恰到好处。在他看来，

> 很容易设想，有这么一个机器，它的构造可以令它说话，甚至说出的话能够跟引起器官变化的身体动作相对应（例如，如果你触摸它一个地方，它问你想要什么；如果你触摸它的另一个地方，它会大声说你在伤害它，等等）。但是很难想象无论问什么，这台机器都可以对语词做不同的组合，从而给予一个恰当的、有意义的回答。这些连最愚钝的人都可以做到，但机器却不可以（CSMI,39）。[①]

不能将这种使用语言的能力跟表达情感的"自然运动"相混淆，"自然运动可以被机器和动物模仿"。它们的关键区别在于，自动机"永远不能像人那样使用语词或者把其他信号组合一起向别人宣布我们的想法"。这是人类特有的一种能力，跟智力无关。因此，

> 为了让别人明白自己的思想，人，无论愚蠢或迟钝——甚至包括疯子——都可以将各种语词组合在一起，构成一句话；而其他动物，无论它多么完美和多少有天赋，都不能做同样的事情。这一点，真的很奇怪（CSM I, 39-40）。

[①] 《谈谈方法》第五部分。[载于约翰·科廷汉、罗伯特·斯多瑟夫、杜格尔·默多克译的《笛卡尔哲学著作集》，共 2 卷（剑桥：剑桥大学出版社，1984-5 年），分别缩写为 CSM I, CSM II］。

通常情况下，如果英文本和法文本都有的话，我会使用英文翻译；否则就会引用法文本（如果我有的话）。在引用法文本时，我偶尔会对拼写和标点做点改动。

人与动物的这一区别,其根源也不在于外围的生理差异。笛卡尔进而指出,

> 出现这一差异,不是因为动物缺乏必要的器官,因为我们看到喜鹊和鹦鹉可以像我们一样说出语词,但它们不能像我们一样说话。也就是说,它们不能展示它们正在思考它们所说的话。另一方面,天生的聋哑人像动物一样没有言语器官,甚至情况比它们还糟糕。但是,他们通常会发明自己的语言符号,来表达自己的想法;经常跟他们在一起,有时间来学习这些语言符号的人,可借助这些符号来理解他们的意图。

简而言之,人类拥有特定物种才具有的能力,人类这一独特的理智组织,不能归因于外围器官,也跟一般的智力无关,[①] 它表现在日常

[①] 有关这一问题的最新观点和证据,参见林内贝格(E. H. Lenneberg):"从生物学角度看语言"(A Biological Perspective of Language), in *New Directions in the Study of Language*, ed. E. H. Lenneberg(Cambridge : MIT Press, 1964).[现在这方面的文献很多。其中,平克(1995)对一些议题的讨论比较受欢迎;不过,平克和乔姆斯基在语言进化问题上的观点并不一致。靳肯斯(2000)清晰、概括地讨论了乔姆斯基在这一问题上的一些观点,不过,他的讨论技术性更强。对于进化论这一议题,乔姆斯基现在经常提及图灵和达西·汤普森关于形态发生(morphogenesis)方面的成果,并建议说——在现阶段这一建议具有推测性——当被放置在特定的、复杂的有机体中时,通过物理和生物过程发生的变化,语言就"进化形成"了。这跟大家普遍设想的进化观不同,大家普遍认为,进化就是某种自然选择导致物种出现繁殖优势。一般认为,这种进化需要很多年的时间才能产生复杂的系统;斯金纳指出,这跟行为主义有着惊人的相似之处。乔姆斯基的语言进化观甚至可能不属于达尔文式的进化观;它通常像个拉马克式的模型(Lamarckian cast)。

最近在最简方案下(20世纪90年代后)开展的语言学研究工作,开启了一种新的可能,那就是,语言(具体而言,语言能力,或现在所认为的"狭义"语言概念(狭义的语

语言的"创造性"使用上——其属性在于表达范围不受限制和跟外界刺激无关。因此，笛卡尔认为，语言可以用来自由表达思想，也可以用来在任何新环境下做出恰当的回应；它不会因为一些话语跟外部刺激或生理状态之间存在固定关联而受到削弱（这可以用任何非循环的方式识别出来）。①

言机制）），主要研究语言的"核心"（也称为"狭义语法"），它实际上非常简单，可能只有递归或合并操作。在此框架下，再假设语言是由于突变而出现的，也就显得切实可行了。设想声音的产生或语义"特征"的解读这些功能都已具备，那么，若智人物种的一个成员出现一个变异，这一变异引入了合并操作，且这一操作可以遗传，这就足够了。有了递归，就可以生成含有 n 个单词的句子（更有趣的是，可以生成含有 n 个概念的意义）。因此，拥有相关基因的群体成员就具有很大的优势。假设语言是由于突变而出现的，这还可以解释一个事实——在 50 到 100 万年前的某个时候，人类开始有了艺术和宗教（它终究是一种解释形式），组成不同形式的社会制度，观察星星和季节，发展农业等等。非洲大迁移也是这个时候开始的。倘若语言就是在这段时间内出现的，那么，这一切也就讲得通了，因为这段时间从进化的角度上来看，非常短暂。]

① 显然，数量无限和不受刺激约束，这两个属性是相互独立的。自动机也许只会产生两个随机的反应。录音机和只有听写能力的人，其产出是无限的，但这依赖于外部刺激。笛卡尔派的学者通常认为，虽然动物的行为无穷无尽，但它们摆脱不了外部刺激，因此跟人类语言不同，并不具有"创造性"。参见弗朗索瓦·贝勒的《笛卡尔哲学的一般体系》(*The General System of the Cartesian Philosophy*)（1669）（英译本 1670，第 63 页）："因为物体给感官所留的印象可能是无限多样的，所以精气在肌肉中流动的方式也会无限多样，结果，动物就会有无限多的动作；因为其结构的组成部分更加丰富多样，更加精巧复杂，所以其动作变化会更多。"由于人类语言不受刺激控制，并能适应新的环境，所以尽管作为无限思想的一种表达手段，其数量也是无穷的，但它却是完全不同的东西。

重要的是，要区分"行为适应于不同环境"与"通过刺激来控制行为"。后者是自动机的特征。前者是人类才展示出的特征，它超出了机械论解释的范围。

根据笛卡尔的设想，人类语言是建立在一种完全不同的原则之上的。迄今为止，现代对动物交际的研究并没有发现任何反面证据能够反驳笛卡尔的设想。已知的动物交际系统要么由固定数量的信号构成，每个符号都跟特定范围的诱发条件或内部状态有关；要么由固定数量的"语言维度"构成，每个语言维度都跟一个"非语言维度"相关联，也就是说，在一个维度选择一个点，在另一维度就会有个点与之相对应。这两种情形跟

语言使用的创造性

笛卡尔认为,机械论不可能解释语言正常使用所展示出的创造性,并得出结论说,必须认为其他人除具有身体外,也具有心灵——这一实体的本质是思想。他还提出一些论据,来证明跟他的身体"有相似之处"的身体也有心灵。由这些论据似乎可以明显地看出,除了解释身体功能的"机械原则"外,还有一个"创造性原则",而所假设的心灵实体就发挥着"创造性原则"的作用。事实上,人类的理性"是一种能够服务于各种偶然事件的普遍工具",而动物的器官或机器"完成任何特定行为都需要做一些特殊的调整"。①

人类语言都没有显著的相似之处。人的交际和动物交际只有在更宏观的层面才具有相似性,这一层面不只包含交际行为,还几乎包含其他的所有行为。[1966 年以来的研究表明,并没有反面证据来反驳上述观点。研究还表明,在某个关键阶段之前,人必须获得少量的语言经验(例如,听见或看见别人使用口语或手语),否则他们就无法获得完整的语言能力。参见库尔提斯(1976)对 Genie 的研究。

在第三版新的序言中,我(编者)强调恰当性在语言使用的创造性中占据特殊地位。递归可以解释语言的创造性或无穷性;随机化的因素可以解释语言不受刺激的约束这一特征。因此,计算机程序可能会满足这两个特征。但是,在满足这两者的同时,还没有一种明显的方式能再满足恰当性。语言的创造性所要求的这三个条件,到目前为止没被同时满足——也许永远不能被同时满足。]

① 一般来说,"虽然机器也可以做一些事情,可能比我们做得还好,但是,它们在其他方面的表现总是不尽人意。观察这些方面,我们可以发现,它们的行为不是源自知识,而是源自其零件的配置。"有两个"非常确定的实验"可以断定一个设备是否真的是人:一是,语言的创造性使用,二是,人类行为的多样性。"由于拥有理性,我们在生活中面对各种事件时可以自由采取行动,但让机器也有足够多的变化,从而能够像我们一样在生活的各种事件中自由采取行动,是不可能的"(按照阿尔达内·罗斯的翻译是:"在道德伦理上是不可能的")。笛卡尔从这一立场出发,进一步阐述了其"认知力"的概念。他认为"认知力"是一种官能,这种官能并非完全是被动的;它"在有形想象(corporeal imagination)中形成新的想法时,或专注于那些已经形成的想法时",并不完全受感觉、想象或记忆的控制。其实,此时,把这种官能称为天生的智力[ingenium],就再恰当不过了(《指导心灵的规则》1628);CSM I, 42)。在更早的时候,笛卡尔说道,"动物某些行为所展示出的高度完美性,令我们觉得动物没有自由意志"("奥林匹克事务(Olympian Matters)",大约 1620 年;CSM I, 5)。

语言在笛卡尔的论证中至关重要,这一点清晰地体现在他写

"认知力"只有具有创造性时才可以被恰当地称为"心灵",这种思想很早就有了。一个来源是胡安·瓦尔特(Juan Huarte)的《Ingenios 研究》(*Examen de Ingenios*,1575),该著作被广泛翻译和传播,我引用的是贝拉米(Bellamy 1698)的英文翻译。笛卡尔可能很熟悉这本书。瓦尔特认为,Ingenio 这个词的词根的意思是"产生"、"生成"——他将它与 gigno、genero 和 ingenero(第 2 页)联系起来。因此,"可以发现人具有两个生成能力,一个跟野兽和植物的相同,另一个与精神实体、上帝和天使共享"(第 3 页)。"智慧(wit)[Ingenio]是一种生成力……理智是一种生成官能"(第 3 页)。与天赐的"禀赋"不同,人的"理性灵魂"和"精神实体"在生成的过程中没有"足够的力量和能力赋予它们所生成的东西以真实的存在",而只能"在记忆中产生偶然的事件","我们所知道和理解的东西的观念和形象"必须由作品和艺术赋予以具体的存在(第 4-5 页)。同样,艺术和科学是"一种图像和图形,它们由[人]记忆中的思想所产生,逼真地展示了跟预期科学相关题材的形态和自然组合"(第 6 页)。学习某一主题的人必定"在其内心创造出一个完整而真实的图形(figure)",它代表这一主题的原则和结构(第 6 页)。真正活跃的心灵"一旦获得一个主题,不借助身体的帮助,就能说出一千句未曾听过的巧言妙语"(第 7 页)。经验主义有句格言:"理智中的东西都是从感官而来的。"这句话是亚里士多德说的。它仅适用于缺乏这种能力的"温顺智慧"。虽然"完美智慧"只是一种理想化情形,"但必须承认,我们已经观察到,很多人非常接近这种'完美智慧',他们能创造并说出一些话语,这些话他们的主人从未说过,也没有任何人说过"(第 16 页)。甚至还有第三种智慧。"借助这种智慧,一些人不需要特殊的技能或专门的学习就能够讲出一些不易觉察到的、令人惊讶的事情,而这些事情他们之前从未见过、听过或写过,甚至连想都没有想过",可能就是一堆"胡言乱语"(第 17 页);这三种智慧分别涉及记忆、理解和想象。就如西塞罗所说,一般而言,"人的荣耀和高贵之处就在于,他能言善辩:智慧是人的装饰,而雄辩则是智慧的光芒和美貌。仅仅在这一点上,他跟野兽就有所不同,并因此更接近上帝。这是能够从自然界获得的最大荣耀"(第 22 页)。如果一个人患有极其严重的"智慧残疾",那么他将跟"牲畜无异"。他就像个"太监……丧失了产出能力。"这就导致理性的官能不能获得"所有艺术的第一原则,尽管在开始学习之前,这些原则已经存在于其心灵中。此时,我们的智慧不能为它们提供任何证据,而只能把它们看作是已知的东西来接受;如果他不能在心灵中形成它们的观念,我们可以断定他完全不能进行科学思维。"在这种情况下,"无论是鞭子,还是他的喊叫声,亦或是方法、例证、时间、经验,以及自然界中的任何事物,都不能刺激他产出任何东西"(第 27-28 页)。

昆德森(K. Gunderson)("笛卡尔、拉梅特里、语言和机器""Descartes, La Mettrie, Language and Machines", *Philosophy* 39 (1964), pp. 193-222)对笛卡尔的论证做了有意思的讨论。他认为,笛卡尔的论证跟当代关于自动机"智能"的讨论有关联。

给纽卡斯尔侯爵(1946)的一封信中。在信中,他坚称,"我们的外部行为无法向观察我们行为的人展示,我们的身体不仅仅是一个可以自己运动的机器,而且它还包含着具有思想的灵魂——当然,上面所说的外部行为,不包括口语以及其他不表达任何情感、只跟特定话题相关的符号。"[①] 添加最后这个条件,是为了排除"表达快乐或悲伤这类情感的声音"以及"可以通过训练教会给动物的东西"(CSMK, 303)。[②] 在《谈谈方法》中,他继续重申自己的观点,并再次强调,一个人无论多么不完美,都可以用语言来表达自己的思想,

---

笛卡尔的理论讨论了机械论解释的范围和局限,有关对笛卡尔的理论的形成和批评的一般背景,参见罗森菲尔德,同上,卡尔卡恩:"现代机器人概念的起源"(Les origines de la conception moderne de l'homme-machine), *Annales Academiae Scientiarum Fennicae*, ser. B, vol. 22, Helsinki(1961)。

① 托雷(H.A. R. Torrey)的《笛卡尔的哲学》(New York: Holt, 1892年)第281-284页有部分译文。[这里的翻译,以及后面笛卡尔书信引文的翻译,均出自约翰·科廷汉、罗伯特·斯多瑟夫、杜格尔·默多克译的《笛卡尔哲学著作集》第3卷《通信》(剑桥:剑桥大学出版社,1991年)(简称CSMK)。]

② 也就是说,通过条件反射。当人们"通过某种技巧"教动物时,动物的行为跟情感有关。从某种意义说,这种行为跟它们"对食物的期望"或"表达恐惧、希望或喜悦的动作"有关,这些可能出现在最初的教学过程中。因此,笛卡尔指出,"语言行为"在正常使用时并不受可识别的外部刺激或内部生理状态的影响,很明显,个体的言语行为也不是由于条件反射而形成的。他没有对此做详细说明,可能是因为这是显而易见的,无需过多讨论。值得注意的是,研究人类学习机制的现代行为主义学家否认这些不言自明的事实。更多讨论,见乔姆斯基:"论斯金纳的'言语行为'"(Review of Skinner, "Verbal Behavior"), *Language* 35(1935), pp. 26-58;《句法理论面面观》, chap. I, §8;卡茨:《语言哲学》(*Philosophy of Language*, New York: Harper & Row, 1966);福多:"意义可以是'r_m'吗?"(Could Meaning be an 'r_m'), *Journal of Verbal Learning and Verbal Behavior* 4(1965), pp. 73-81。[当代,有些研究对有机体的模块学习和其解释机制做了有益的讨论,参见伽里斯特尔1990, 2002。近些年来,乔姆斯基提到Gallistel的著作时,语气充满了赞赏。有项研究探讨了一位通晓多种语言的语言天才所展示的语言模块性,这项研究非常有趣,具体参见斯密斯和蒂斯普里1995。]

而"动物无论多么完美,都无法使用符号来让其他动物理解跟其情感无关的东西。"同时,他再次指出,动物完美的本能表明,它们缺乏思想,也证明它们仅仅是自动机。在1649年写给亨利·莫尔的一封信中,他这样陈述自己的观点:

> 但是,在我看来,动物缺乏思想的主要原因如下:在同一物种内,一些动物会比其他动物更完美,其实人类也是。这一点可以从马和狗这些动物中看出。当我们教马或者狗学习某些东西时,有的学得会比其他更好。借助声音、身体运动以及愤怒、恐惧、饥饿等自然本能,所有动物都可以轻松地与我们交流。尽管这些都是事实,但我们从未见到有完美的牲畜,能够使用真正的话语,也就是说,可以用文字或符号来说明某些只与思想有关,而与自然本能无关的东西。这种话语是隐藏在体内的唯一确定的思想信号。人,无论多么愚蠢,多么愚笨,即便他没有舌头和发音器官,都在使用话语,而动物却不能。因此,这可以看作人与动物之间真正的、具体的差异。(CSMK,366)[1][2]

总之,是人类行为的多样性、人类行为在新环境中的恰当性、人的创新能力(语言使用的创造性为此提供了主要依据)令笛卡尔

---

[1] 笛卡尔-摩尔的通信中涉及动物自动控制的内容,都是由罗森菲尔德翻译的,这些通信载于《科学年鉴1》(1936)和《笛卡尔哲学著作集》第3卷《通信》。

[2] 笛卡尔继续解释道,倘若生命、感觉,甚至感情完全依赖于身体器官,那么他不否认动物拥有这些东西。

认为其他人具有心灵，因为他认为这种能力超出了任何可以想象的机械装置的限制。因此，完整、充分的心理学除需要"机械原则"外，还需要"创造性原则"，它能解释无生命世界和有生命世界的其他方面，也能解释大量的人类行为和"情感"。

科迪默有项有趣的研究。在研究中，他详细阐述了笛卡尔对于语言的看法，这些看法跟机械论解释的问题有关。[①] 他研究的目的是，确定是否有必要假设存在其他心灵。[②] 人类大量的复杂行为，都不能证明其他人不仅仅是自动机，因为这些行为可以用生理术语来解释，例如，可以用反射和向性来解释。然而，此类解释具有一些局限性，下面的事实可以说明这一点："他们自信地接近会摧毁他们的东西，放弃可以拯救他们的东西"（第7页）。这表明，如同他的行为一样，他们的行为也受到意志的支配。但是，最好的证据来自语言，来自

我发现我听到的语词之间的关联。

虽然很容易想象机器也能说出一些语词，但是我同时知道，控制气流走向的弹簧或控制音管的开启以便声音能够发出的弹簧按照一定的次序组合起来后，它们的次序就无法改变；

[①] 《论物理语言》（*Discours physique de la parole*，1666）。这里参考文献的页码，指的是1677年第2版的页码。英译本于1668年出版。罗森菲尔德说道，笛卡尔主张动物缺乏真正的言语，科迪默充分发展了这一论点，以至于在他之后，"这一点就很少受到关注，好像后来的作者认为，他的话已经给这一话题盖棺定论了"（《从野兽机器到人类机器》，第40页）。

[②] 科迪默像笛卡尔一样认为，不难确认他本人是否拥有灵魂，因为很明显，通过内省他就会发现"某些思想跟我器官的大部分运动总是相伴相随"（第3页）。

所以若机器有风通过,一旦我们听到第一个声音,那么通常这个音之后的音也一定能听到。而像我这样身体所发出的声音,几乎从未遵循相同的顺序。

此外,我观察到这些语词跟我的语词一样,我用这些语词来向能够理解它们的人解释我的想法。最后,我越注意在这些人面前所说话语的效果,我越感觉到这些话似乎被理解了;他们所说话语的意义跟我所说话语的意义完全一致,因此,有理由相信我的身体内有一个灵魂,同样,他们的身体里也有灵魂(第8—10页)。

简而言之,科迪默认为,对于正常言语的新颖性、连贯性和关联性,机械论不可能给予解释。不过,他强调,用说话能力作为证据来说明机械论解释存在不足时必须小心。可以发出清晰的声音,或可以模仿声音,这本身并不能证明什么,因为这可以用机械论的术语来解释。产生表示内部状态的"自然符号",或者根据外部刺激而产出特定的符号,这都没有任何意义。只有在新环境下说出连贯、恰当话语的创新能力,才算得上核心证据。"说话不是重复一个人听到的相同的语词,而是……用不同的语词来回应听到的语词"(第19页)。要想表明其他人不是自动机,必须证明他们的话语具有这种创造性,必须证明无论"实验者"说什么,他们的话语都是恰当的。"……如果通过我的观察,我发现,他们像我一样使用语言[La Parole],那么我将有绝对可靠的理由相信他们像我一样拥有灵魂"(第21页)。他还勾勒了可能的实验类型。例如,一个人可以构建新的"常规符号"[signs d'institution]:

语言使用的创造性

　　我注意到,我和其他一些人都会认为,通常指代一种事物的语词会指代另一事物。结果,似乎只有跟我持相同观点的人才理解我的想法(第22—23页)。

与此类似,

　　当我注意到,这些身体所产出的符号跟它们目前的状态无关,或者跟它们保持的状况无关;当我注意到,这些符号跟我表达自己想法所用的符号一致;当我注意到,这些符号让我有了之前没有的想法,或者意指我心灵中已有的东西;最后,当我注意到,他们的符号跟我的符号密切关联(第28—29页);

此时,我就有了证据。那些表明"他们意在骗我"的行为,也是一种证据(第30—31页)。在这样的情况下,当许多此类实验都成功后,"我就有理由相信他们跟我一样"(第29页)。

　　可以看出,贯穿整个过程,受到强调的都是理智行为的创新性。因此,

　　……跟他人谈话的过程中会涌现一些新想法,这足以表明,他们拥有跟我们一样的心灵(第185页);

　　……我们相信跟我们交谈的人拥有心灵,他们的心灵跟肉体结合在一起。我们全部的理由是,他们经常给我们一些我们不曾拥有的新想法,或者强迫我们改变我们已经拥有的想

法……(第 187 页)

科迪默坚持认为,揭示机械论解释的局限性的"实验"涉及到语言的使用——特别是我们所说的创造性的使用。他谈到了语言使用的声学和发音基础,也谈到了训练、联想和强化等方法有助于人类习得真正语言,有助于动物获得非语言功能的交流系统;这些完全是在笛卡尔假设的框架内讨论的。

对我们而言,这一点的重要意义在于,它强调了语言使用的创造性,以及人类语言跟动物的纯功能性的、局限于刺激的交流系统之间的根本区别,而不是强调笛卡尔解释人类能力所做的尝试。

值得注意的是,后面的讨论很少满足探讨笛卡尔关于机械论解释局限性的论证。笛卡尔论证说,解释他所引用的事实必须假定存在着"思维实体"。人们通常会驳斥这一构想,认为一个更复杂的身体组织足以说明人类的能力,但却没有人去认真地证明该如何才能做到这一点(笛卡尔、科迪默和其他一些人曾尝试证明,借助身体组织方面的假设,动物的行为和人体的多种功能就可以得到解释)。例如,拉梅特里认为,人只是最复杂的机器。"它跟类人猿和最聪明的动物的关系,就如同惠更的行星钟跟朱利安·莱洛伊的手表"的关系一样(第 34 页;MaM,第 140 页)。[1] 他认为,很容易用

---

[1] 拉梅特里:《人是机器》(*L'homme machine*, 1747)。这本书有个评注本,里面有各种注释和背景材料: *La Mettrie's L'homme machine: A Study in the Origins of an Idea*, ed. A. Vartanian (Princeton: Princeton University Press, 1960)。[这里的译文出自拉梅特里 1996,但也参考了《人是机器》(*Man A Machine*, La Salle, Ill.: Open Court, 1953)(缩略为 MaM)中的翻译,它包含有法语原文。]

机械原理来解释思维。"我相信,思维跟有组织的物质是兼容的;它似乎如同电、动力、不可渗透性、延伸性等一样,是物质的特性之一"(第35页;MaM,第143-144页)。此外,理论上来说,教类人猿说话不会有障碍。类人猿不能说话,仅是"言语器官的缺陷"造成的,这可以通过适当的训练来克服(第11页;MaM,第100页)。"我坚信,如果能对这种动物做完美的训练,我们就可以成功地对他进行教育,他最终就能说话,并学会一门语言。他将不再是一个野人,不再是一个不完美的人,而是一个完美的人,一个城镇小市民"(第12页;MaM,第103页)。与此类似,说话的机器并非不可想象。"如果沃康森造一个长笛手所需的技巧比造鸭子要多的话,那么造一个说话的机器,他需要的将更多。不过,这不是不可能的事……"(第34页;MaM,第140-141页)。

在《人是机器》出版前的几年,布让在一部不太严肃的作品中,明确驳斥了笛卡尔观点,即人类语言和动物语言之间存在根本性的差异。① 这种驳斥是为数不多的几个尝试之一,但并未达到反驳的效果,其只不过是重申了笛卡尔关于人类语言和动物语言的观点。他认为,"动物像我们一样可以相互交谈,相互理解,有时做得更好"(第4页)。不过,这一观点的依据是,(1)通过训练,动物可以对信号做出回应,(2)它们借助外部的符号来表达"各种感情",(3)它们可以合作(例如,他认为,海狸的语言跟维特根斯坦的"语言游戏"有很多共同之处。维特根斯坦认为"语言游戏"是人类语

---

① 布让(Père G. H. Bougeant):《对动物语言的哲学考察》(*Amusement philosophique sur le langage des beste*s, 1739)。

言的"原始形式")。但是，他认识到"动物的语言仅限于表达它们的情感，而且数量很少"(第152页)。"它们总是重复相同的表达，并且只有当物体占据了它们的注意力时，它们才会重复相同的表达"(第123页)。它们没有"抽象的或形而上的想法"：

> 它们只有直接的认知，而这种认知完全限于那些触动它们感官的物质对象。如同人的思想，人的语言具有无限的优势，因为人可以借助决定其意义和用法的专有名词和关系术语，来表达自己的想法(第154页)。

实际上，动物只有"感受到的各种情感"的名称(第155页)，无法像我们这样说出"个性化的复合短语"(第156页)：

> 自然为什么赋予动物说话的能力？答案是，只有具有这种能力，它们才可以相互表达自己的欲望和感受，从而满足它们的需求，获得生存所必须的东西。我知道一般情况下语言的目标与此不同，其目标是表达思想、认知、反思和推理。但是对于动物的知识而言，不管人们持什么理论……可以肯定的是，自然界只会赋予对它们有用的知识，或物种和个体生存所必须的知识。因此，动物就没有抽象的想法，没有形而上学的推理，没有对周围物体的探索欲望或好奇心。除了如何举止得体、保持健康、避免受到伤害、获取食物方面的知识，它们没有其他知识。我们也不会看到它们参与公开讨论，或者对因果展开争论。它们只知道动物的生活(第99-100页)。

简而言之，正如笛卡尔和科迪默所设想的那样，动物的"语言"完全在机械论解释的范围之内。

显然，拉梅特里和布让都没有理解笛卡尔提出的问题——语言使用的创造性所带来的问题；人类语言不受可识别的外部刺激或内部生理状态的控制，可以作为传递思想和表达自我的常规工具，而不仅仅是做出汇报、提出请求或发布命令的交流手段，这一事实也给机械论的解释带来了问题。[1] 现代解决智性行为（intelligent behavior）问题的尝试并不尽人意。以赖尔为例，他对"笛卡尔神话"[2]的批评完全回避了这个问题。他声称笛卡尔应该询问"是什么标准把理智行为跟非理智行为区别开了"（《心的概念》，第 21 页），而不是去解释前者。其实，如果理解正确的话，它们不应是相互排斥的选项。理论上来说，赖尔所讨论的标准跟科迪默倡导的"实验"差别不大；但是赖尔仅满足于指出"智性行为"具有某种属性，[3] 跟他不同，笛卡尔派学者关心的是如何解释这种行为，因为不能用机械论的术语对此做出解释。很难说在确定智性行为的特征、确定获得智性行为的方法、确定支配理智行为的原则或确定智性行为所依

---

[1] 不可否认，拉梅特里所建议的解释方法也许原则上是正确的。我这里所关心的并不是笛卡尔等人的解释是否充分，而是笛卡尔对人类语言的观察，这些观察促使学者尝试做出一些解释。[语言使用的创造性无法得到科学的解释，这一点在乔姆斯基 1966 年之后的讨论中发挥着重要作用。在这些讨论中，语言的创造性被用来说明人类理智的（生物）局限性。相关讨论和参考文献，请参阅编者序言。]

[2] 赖尔：《心的概念》（London: Hutchinson, 1949）。福多批评了赖尔和其他一些人的心理学解释，具体参见福多："心理学是可能的吗？"（Is Psychology Possible?），chap. I of *Psychological Explanation* (New York: Random House, 1968)。

[3] 这些都是用"力量"、"习性"和"倾向"等术语来描述的，而这些术语的特点仅仅通过零散的示例来说明。它们构成了一个新的"神话"，就跟笛卡尔的"心灵实体"一样神秘，难以理解。

赖的结构的本质等方面，相比 17 世纪，我们已经取得了显著进步。人们可以选择忽略这些问题，但是还没有融贯的论据表明，这些问题是虚幻的，或者超出了研究的范围。

现代语言学也未认真讨论笛卡尔关于人类语言的观察。例如，布隆菲尔德观察到，自然语言"组合的可能性实际上是无限的"，因此，没有希望可用重复或列举的方式来解释语言的使用；他还说道，通过"跟听到的相似语言形式进行类比"，说话者会说出新的语言形式。不过，除此之外，他没有做进一步的评论。[①] 同样，霍凯特将创新性完全归因于"类比"。[②] 保罗、索绪尔、耶斯佩森等人也发表过类似的言论。把语言使用的创造性归因于"类比"或"语法模式"，这完全是以比喻的方式来使用这些术语，因此，并没有明确

---

① 布隆菲尔德：《语言论》(*Language*, New York: Holt, 1933)，第 275 页。当说话者说出他未曾听到的言语形式时，"我们说，他是通过跟之前听到的相似形式进行类比才说出这些话的。"布隆菲尔德认为，人类的语言和动物的交流系统之间没有根本的区别，其区别只在于"人类语言分化的程度比较高"。在其他方面，它们的功能是相似的。"人发出不同的声音，并能很好地加以利用：当受到某种类型的刺激时，他会发出某些声音，他的同伴听到这些声音时，会做出恰当的回应"（第 27 页）。他认为"语言就是训练和习惯的问题"（第 34 页），如果做认真的统计调查，"毫无疑问，我们能够预测在固定的天数，任何特定的话语所说出的次数"（第 37 页）（毫无疑问，这一结论是正确的，因为对几乎所有正常语句，我们预测的数字将都是零）。

② 霍凯特(C. F. Hockett)：《现代语言学教程》(*A Course in Modern Linguistics*, New York: Macmillan, 1958)，§36，第 50 页。他说："据说，人说话时，要么是在模仿，要么是在做类比，"他接受这种观点，并说道，"若我们听到长的和复杂难懂的句子，而且这个句子又明显不是直接引用别人的，那么我们就可以合理地断定类比在起作用"（第 425 页）。在现代语言学家中，霍凯特与众不同，因为他至少注意到这样的说法有问题。在讨论创新问题时，霍凯特所暗示的意思似乎是，新的表达只能参照上下文才能被理解（第 303 页）。现代语言学的一个通病是，不去考虑决定日常生活中通常是新句子的意义的语言机制。

的意义,也与语言理论的技术性运用无关。这就如同赖尔把智性行为看作是某种神秘的"能力"和"倾向",或者如同赖尔用"归纳"、"习惯"或"条件作用"来解释使用的创造性一样,都是毫无意义的。倘若这些术语具有专门意义,用这些术语进行描述不但是不正确的,而且还极具误导性,因为它表明这种能力可被解释为我们非常了解的事物的"更复杂的情形"。

我们已经看到,笛卡尔派的观点是,人类语言的正常使用并不受刺激控制,它不仅具有交流功能,而且是一种自由地表达思想和在新情况下做出恰当反应的工具。[1] 笛卡尔、科迪默以及像布让这样自称是反笛卡尔主义者的人都陈述过这一观点。后面我们将看到,这些与我们所说的语言使用创造性有关的观察在18世纪和19世纪初得到了详细的阐释。同时,笛卡尔第二个确定自动机是否是"真正的人"的检验也在"存在巨链"的语境下得到了重新解读。笛卡尔认为人与动物截然不同,动物的行为是本能问题,动物本能的完美程度和特殊性可以用机械论来解释。其之后颇具代表性的观点是,理智有等级,本能的完美程度跟理智能力呈反比。以拉梅特里为例,他认为,"人越获得理智,就越失去本能",这似乎是普遍的"自然法则"(第99页)。(参见第91页注释① 和第109页注释②。)

赫尔德在他那篇影响深远的、关于语言起源的获奖论文中,以一种崭新的方式把笛卡尔的两项检验(拥有语言和行为多样)关联

---

[1] 近代对人类语言和动物交际系统之间差异的讨论,偶尔也会重述笛卡尔的一些真知灼见。可参考文献如卡米歇(L. Carmichael):"个体语言能力的早期发展"(The Early Growth of Language Capacity in the Individual), in *New Directions in the Study of Language*, ed. E. H. Lenneberg.

起来。① 跟笛卡尔一样,赫尔德认为人类语言不同于由于某种情绪而发出的声音,语言的出现不能归因于高级的发音器官,语言显然也不是源自对自然界中声音的模仿,也不源自为了形成语言而达成的"一致"。②语言应该是人类心灵的自然属性。但是自然并未赋予人类以语言本能,以天生的语言官能,以理性能力(语言是这种能力的"反映")。人的基本特点是本能较弱:很明显,人在力量和本能的确定性方面,远不及动物。但本能、感官和技能的提升和提高,会导致生活和经验的范围和领域狭窄,相应地,所有的感知能力和表征能力都集中在一个狭窄的、固定的区域(第15-16页)。我们可以将以下这点看作一般的原则:"动物的感知力、能力和繁殖动力变强,它们活动范围的重要性和多样性会降低"(第16-17页)。人的官能则不那么敏锐,其种类也更多,更加分散。"人的活动范围并非固定和狭窄得只需完成一种任务"(第17页)。换言之,它不受外部刺激和内部冲动的控制,并且无需以完美的、确定的方

---

① 赫尔德(J. G. Herder):《论语言的起源》(Abhandlung über den Ursprung der Sprache, 1772)。这目前可以在《赫尔德的语言哲学》(Herder's Sprachphilosophie, ed. E. Heintel, Hamburg: Felix Meiner Verlag, 1960)的第1-87页中找到。此处的页码指的是这部著作的页码。[这部著作是由苏珊-朱迪斯-霍夫曼翻译的;其参考文献跟原著相同。赫尔德(1966)收录了这部作品的现代译本。]

② 个人语言的发展也是如此。在这个时期,研究"语言起源"本质上是研究"语言本质";语言在个体中发展的一般特征跟它在整个民族中发展的一般特征通常被认为是相似的。参见施莱格尔(A. W. Schlegel):《艺术学》(Die Kunstlehre, 1801, Stuttgart: W. Kohlhammer Verlag, 1963):"人类发明语言的过程中所发生的事情,在儿童发现语言的过程中也在重复发生,尽管这并不很明显"(第234页)。通常,"我们发现在语言习得中起作用的能力,在发明语言的过程中发挥着更重要的作用"(第235页)。受洪堡特的影响,斯坦因塔尔甚至更进了一步,他指出:"最初的语言创造与语言在日常生活中的再创造之间没有区别"(《语法、逻辑和心理学》, Grammatik, Logik und Psychologie. Berlin, 1855, p. 232)。

法做出反应。不受本能限制,不受刺激控制,这是我们所说的"人类理性"的基础:"……如果人有动物的强烈冲动,他就不会有我们现在所说的理性,因为这种冲动会不知不觉地将他拉向一个点,这样他就不会有意识的自由天空"(第22页)。人的本能的这种弱点正是他天然的优势,这使他成为理性的存在。"如果人不是受本能支配的动物,那么他就必须——依靠自己灵魂的自由运作——成为能够思考的生物"(第22页)。为了补偿其本能和感官方面的弱点,人获得了"自由这一优势"(第20页)。"结果,他就不再是大自然所控制的机器,他成为了他努力的目的、奋斗的目标"(第20页)。

人可以自由地进行思考和沉思,因此,能够观察、比较和区分一些基本属性,能够识别和命名(第23页以下)。从这个意义上讲,语言(以及语言的发现)对人类来说是很自然的(第23页),"人被构造成一种能说话的生物"(第43页)。一方面,赫尔德说,人没有天生的语言——本质上,人不会说话。另一方面,根据他的观点,语言又完全是人特定理智组织的产物,因此,他声称:"如果我把所有零散的碎片搜集起来,并展示我们称之为人类本性的织物:这绝对是个语言的编织品!"他对这一明显悖论的解决方案是试图把人类语言归因于人类本能的弱点。

笛卡尔曾将人类理性描述为"一种可以在各种情况下使用的普遍工具"[①],因此为自由思想和行动提供了无限的多样性。[②] 赫尔德

---

① 《谈谈方法》,CSM I,140。
② 笛卡尔并没有把语言局限于狭义上的纯理智功能。例如,可以参考《哲学原理》第四部分第 197 条(CSM I,284):
   因为我们看到,说出或写出来的语词在我们心灵中引发各种思想和情感。用

并不认为理性是"心灵的官能",而是将其定义为不受刺激的控制,并且试图说明由于具有这种"自然优势",人才可能(实际上是必定)拥有语言(第25页)。

稍早于赫尔德,詹姆斯·哈里斯曾用类似的术语描述过"理性"。他认为,"理性"不受本能控制,不具有固定的属性。在以下段落,哈里斯区分了"人的原则"和"野兽的原则"。他将前者称为"理性",将后者称为"本能":

> 注意人类的能力与野兽的能力之间的区别。每类野兽的主导原则似乎都有自己的单一目的——通常它会实现这一目的;而且通常达到这一目的后,会停下来——这不需要纪律或准则的指示;它也不会轻易更改自己的方向或认同不同的方向。相反,人类的主导原则能够有无限多的方向,它可以转换为各种目的。它在各类人身上都一样的。如果忽视它,人将愚昧无知,无法得到提高;如果这种能力得到培养,那么人将享有科学和艺术。它不但可以帮我们在各种动物中卓尔不群,而且还可以让我们在同类中显得出类拔萃。它指导我们该如何使用我们的其他能力和官能,以及我们看到存在于我们周围的不同类型的能力和官能。总之,若要把两个原则作对比,那么人类的主导原则是多种形式的、起初未经教化、柔顺且易于控制;而野兽的主导原则是单一的,起初它也未经教化,但是之

相同的纸、笔和墨水,如果以某种方式在纸上移动笔尖,会写出在读者的心灵中产生战斗、暴雨和暴力之类的想法,以及愤怒和悲伤之类的情感的文字;但是如果以略有不同的方式移动笔尖,会写出在读者心灵中产生宁静、和平与愉悦等跟之前完全不同的思想,以及爱恋和喜悦等跟之前截然不同的情感的文字。

后在多数情况下会僵化且难以驯服。①

因此，我们可以说人本质上是理性的动物，这样说的意思是，人不受本能的控制。②

对语言使用创造性的关注贯穿于整个浪漫主义时期，③ 这种关

---

① 《论第三者：关于幸福的对话》(*Treatise the Third: Concerning Happiness, a Dialogue*, 1741), in Harris's Works, ed. the Earl of Malmesbury (London: F. Wingrove, 1801), vol. I, p. 94.

② 这里，哈里斯似乎提出了一个没有根据的设想，此设想在这种学说的现代版本中非常常见，那就是，由于人能够有"无限多的方向"，因此完全是可塑的；换言之，即使先天的因素影响人的理智的发展，这种影响的作用也是微乎其微的。显然，这个进一步的设想跟人不受本能和欲望的控制无关，也跟人潜在的技能和知识的无限性没有关系。因为哈里斯主张这一设想，他的思想当然就不属于笛卡尔思想的范畴。

在其他地方，哈里斯所表达的观点可有不同的解读。在讨论创造性的才能与规则之间的相互作用时[《哲学研究》(*Philological Inquirie*), 1780, in Works, vol. II]，他否定了如下观点："各种天赋在系统出现之前就存在，而且，在规则[例如，戏剧理论中时间和地点的统一]出现前也存在，因为规则从一开始就存在于人的大脑中，并且是永恒不变、无处不在的真理的一部分"(第 409 页)。天赋和规则"相互关联着，天赋发现了[隐含在大脑中的]规则，规则则控制着天赋。"

③ 人们不能仅仅因为一个行为是新的并且不受可确定的欲望或刺激的影响，就认为这种行为具有"创造性"。因此，如果不加修正，就直接用"语言使用的创造性"这个术语来指代笛卡尔和科迪默所关注的普通语言的属性，不是完全合适的。

人要想找一种方法来把自己"最私密的想法告诉给其他人，其难度不会比把 24 个字母在纸上做各种搭配要高"。有趣的是，伽利略认为，跟米开朗基罗、拉斐尔或提香的成就相比，这种方法是人类最伟大的发明[《关于托勒密和哥白尼两大世界体系的对话》(*Dialogue on the Great World Systems*), 1630, Chicago: University of Chicago Press, 1953, pp. 116-117]。感谢贡布里希给我提供了这一参考文献。

请对照《普遍唯理语法》中下面的文字："我们可以用 25 或 30 个语音构成无数个语词，这些奇妙的语词尽管跟我们心灵中所浮现的东西并无相似之处，但是却能揭示心灵的所有秘密，能够让那些不能进入我们心灵的人，理解我们的所思所想和各种心灵运动"(第 27 页; PRG, 65-66)。[此处和后面引用的《语法》的段落出自阿尔诺德和朗瑟洛 1975（缩写为 PRG）的英文译本。]

注还跟对真正的创造性这个一般性问题息息相关。奥古斯都·威廉·施莱格尔在其著作《艺术学》①中对语言的讨论,刻画了这些探索的特征。在讨论语言的本质时,他首先说道,言语不只是跟外部刺激或外部目标有关。例如,有些事实我们并未直接感知到,而是仅仅通过口头描述认识的,或者"是存在于精神[geistigen]世界,我们无法借助感官感知到,可是,语言文字可以让说话者和听话者产生这些事物的观念。"语词也可以指代抽象的属性、说话者与听话者之间的关系、说话者所谈话题之间的关系,以及所谈话题的各个因素之间的关系。当我们把"思想和观念"合并在一起时,我们用到了两个词,"这两个词的意义区别并不明显,要想澄清它们的细微差异,哲学家都会感到力不从心。"然而,未受过教育的人和愚昧无知的人都可以自由使用它们:

> 我们将所有这些语词组合在一起,使他人不仅能理解我们的目的,而且能瞥见我们内心深处的感受;通过这种方式,我们唤起不同的情感、肯定或否定道德的抉择,煽动群众采取集体行动。最惊天动地的大事、最微乎其微的小事以及我们之前不曾听到的最令人诧异的怪事(其实是根本就不可能或无法想象的事情)我们都可以脱口而出。

---

① 参见第106页注释②。参考书目见这里所引用版本的第233-234页,该版本为《批评文集和书信集》(*Kritische Schriften und Briefe*)的第二卷。[乔姆斯基引用了奥古斯都·威廉·施莱格尔的著作,也引用了弗里德里希·施莱格尔的著作一次,这些引文都引自苏珊·朱迪斯·霍夫曼的翻译;参考书目跟原版一致。]

语言的特征就是不受外部控制，或者说不受实用目的束缚，因此，施莱格尔在其他地方[①]提出，"内在的东西在外部显现出来时所依赖的任何东西都可以称之为语言。"

这种语言观仅仅是朝着将语言使用的创造性跟真正的艺术创造结合起来这一目标迈出了一小步。[②]施莱格尔重复了卢梭和赫尔德的观点，他将语言描述为"人类诗歌能力最奇妙的创作"（《语言和诗学》，第145页）。语言是"整个人类永恒的、自我变化的、永无止境的诗篇"（《艺术学》，第226页）。这种诗歌特质是语言的日常使用所展示的特征，"我们永远不可能完全将之消除。因此，我们会发现在语言的日常使用中有大量的诗歌元素，甚至在最有计划、最理性地使用语言符号的情形下，诗歌元素也大量存在；在日常生活中——在冲动的、直接的、常常是情绪激动的口语中——情况更是如此"（同上，第228页）。他继续写道，向莫里哀的茹尔丹证明他说话的同时也在作诗是一件极其容易的事。

日常语言的诗歌特质源于其不受（"肉体可感知的天地万物"的）直接刺激的控制，源于其不受实用目的的约束。实质上，笛卡尔及其追随者已经强调过这些特征。他们还强调过，语言作为人类自由表达思想的工具，具有无限性。但有趣的是，施莱格尔略微详

[①] 《关于诗歌、音节规则和语言的书信集》（*Briefe über Poesie, Silbenmass und Sprache*, 1795）。出自《批评文集和书信集》（*Kritische Schriften und Briefe*）（Stuttgart: W. Kohlhammer Verlag, 1962）的第一卷《语言和诗学》（*Sprache und Poetik*）第152页。

[②] "……艺术的自然媒介是人类向外界表达内心的方式[Handlungen]"（《艺术学》，第230页：唯一的手段就是"语词、语音和手势"）；因此，施莱格尔就自然得出结论说，语言自身是一种原始的艺术形式，而且它"从一开始就是诗的原始材料"（第232页）。

细的论证将我们所说的语言使用的创造性的根源追溯到真正的创造性。艺术就像语言一样，具有无限的表达潜力。[①] 但是，施莱格尔认为，在这方面，诗歌在各种艺术中具有独特的地位；从某种意义上讲，它是其他艺术的基础，是基本的、典型的艺术形式。当我们用"诗意的"一词来指代任何艺术领域中真正具有想象力的作品所具备的品质时，我们就可以认识到这一独特之处。诗歌的中心地位在于它跟语言相关。诗歌之所以独特，是只因为诗歌表达所依赖的媒介是无限的和自由的；也就是说，它的媒介（即语言）是个具有无限创新可能性的体系，该体系能形成和表达各种思想。创作任何艺术作品之前都必须有创造性的心智行为，而语言为这些行为提供了手段。因此，在一定的形式和组织条件下，语言的创造性使用就

---

① 施莱格尔（《艺术学》，第225页）认为，"'艺术'是'无限的思想'"；"其目的（亦即其努力的方向）肯定可以用一般的术语来表述，但是由于它是无限的，所以没有任何可理解的概念能够描述它在时间的长河中所能实现的目的，以及应该实现的目的。"文中所诠释的段落，其后面的内容如下：

在诗歌中，艺术的表现力更强，因为其他艺术受限于其媒介或表现方式[Darstellung]，都有一个限定的活动范围，这在这一定程度上，对这些艺术产生了约束作用。诗歌的媒介正是人类精神由之觉醒的媒介，并且是人类精神由之以任意的联想和表达（即语言）固定在其表现形式[Vorstellungen]上的媒介。因此，诗歌并不局限于具体的对象，而是创造自己的对象；它是所有艺术中最全面的，似乎是艺术中无所不在的普遍精神。在其他艺术的表现形式中，将我们从日常现实拔高到一个幻想世界的成分，被称为诗意成分。因此，从一般意义上讲，诗指的是艺术发明，指的是丰富自然的令人印象深刻的行为；顾名思义，它是真正的创造和创新。外在的物质表现形式出现之前，在艺术家的心灵中，都有一种观念，其中，语言就发挥着意识的调解者的作用；因此，可以说它们总是从诗歌中孵育出来的。语言不是自然的产物，而是人类心灵的印记[Abdruck]，此印记展现了其各种表现形式和它们之间的联系以及[人类心灵的]运行机制。因此在诗歌中，已经成形的东西又被重新赋予了形式，其可塑性是无限的，这就如同心灵在思考各种不断增长的潜在可能性时能无数次地返回自身那样。

构成了诗歌(参见第 231 页),它伴随着各种具有创造性想象的行为,并构成这些行为的基础,且不管实现这些行为的媒介是什么。这样,诗歌就在艺术中获得了它的独特地位,艺术的创造性与语言的创造性就关联了起来[①](请比较瓦尔特的第三种智慧——参见第 93 页注释①)。

施莱格尔以典型的笛卡尔的方法将人的语言与动物的语言区分了开来。因此,他说道,不能将人的语言能力归因于"人体器官的自然倾向":

> 在一定程度上,不同的物种都跟人类一样具有学习语言的能力,尽管它们的这种能力是机械的。通过训练和频繁重复,器官内就会形成对某些反应的刺激,但是它们从不使用自主学习的语词(即使看起来如此,但事实并非如此)来指称;它们的言语就像一个可以说话的机器所发出的声音,并不是真正的语言(第 236 页)。

我们不能将人类的理智功能和动物的理智功能进行类比。动物生活在"状态"[Zustände](德语)世界中,而非人类意义的上"物体"

[①] 有关浪漫主义美学理论的特征、来源和大体的发展状况,进一步的讨论参见艾布拉姆斯(M. H. Abrams):《镜与灯》(*The Mirror and the Lamp*, Oxford: Oxford University Press, 1953)。在卡西尔(E. Cassirer):《符号形式的哲学》(*Philosophie der symbolischen Formen*, 1923), trans. *The Philosophy of Symbolic Forms* (New Haven: Yale University Press, 1953)的第一卷中,也有一些关于浪漫主义语言哲学的讨论。另请参见费塞尔(E. Fiesel):《德国浪漫主义的语言哲学》(*Die Sprachphilosophie der deutschen Romantik*, Tübingen: J. C. B. Mohr, 1927)。

[Gegenstände]世界(少儿在一定程度上也是如此。这可以解释为什么即便最有趣的童年记忆,也是混乱的、不连贯的)。对于施莱格尔来说,"动物依赖性"[tierische Abhängigkeit]跟"理性意志"[verständige Willkür]的"自发原则"[selbsttätige Prinzip]截然不同,后者是人类精神生活的特征。就是这一原则构成了人类语言的基础。由于这一原则的存在,人们会寻求经验的连贯性和统一性,并比较感知到的印象(这需要某种心智符号);之后,便拥有了人类独有的能力,进而需要"通过语言来指代那些甚至肉体无法感知的东西"。结果人类语言就产生了,它的主要功能是"思维的器官、思考的手段"。"社会"就是从这些功能派生而来的(第237-241页)。

笛卡尔强调语言使用的创造性,认为它是人类语言的本质和核心特征,这一特征在洪堡特尝试提出的、全面的普遍语言学理论中得到最有力的体现。①洪堡特把语言描述为"活动"(energeia,

---

① 这一特征尤其体现在他去世后于1836年出版的《论人类语言结构的差异及其对人类精神发展的影响》(*Über die Verschiedenheit des Menschlichen Sprachbaues*)中。它的影印本于1960年出版(F. Bonn : Dümmlers Verlag)。此处引文页码指的就是此版本的页码。考恩的《无需政府公职的人文主义者》(*Humanist without Portfolio*. Detroit: Wayne State University Press, 1963)翻译了其部分内容。菲特尔正准备翻译全文并做注释。布朗["洪堡特的语言相对性概念的起源及诸方面"(Some Sources and Aspects of Wilhelm von Humboldt's Conception of Linguistic Relativity), unpublished University of Illinois doctoral dissertation, 1964]讨论了洪堡特语言理论的背景。[此版本的大部分内容都是由苏珊·朱迪斯·霍夫曼翻译的,但有些部分出自希思的翻译(1999)。]

布隆菲尔德把洪堡特的专著称为"第一本关于普通语言学的伟大作品"(《语言论》,第18页)。就我们所考察的背景信息来看,它似乎标志着笛卡尔语言学发展的终点,而不是语言学思想新时代的开端。对于洪堡特的普通语言学、它跟之后研究的关系,以及在当代语言和认知研究中的再现,相关讨论参见乔姆斯基的《语言理论的当前问题》(*Current Issues in Linguistic Theory*)。

Thätigkeit），而非"产品"（ergon，Werk），① 把它描述为"一种生成活动"［eine Erzeugung］而不是"一款毫无生机的产品"［ein todtes Erzeugtes］。他经常用几乎相同的语词来拓展和阐述笛卡尔语言学、浪漫主义语言哲学和美学理论的基本构想。洪堡特认为，对于语言，唯一真实的定义是"生成活动"［einegenetische］："这是一种不断重复的·心·智·劳·动［Arbeit des Geistes］，这种劳动所发出的·分·节·音能够表达思想"（第57页）。② 有一种恒定的、相同的因

---

① 德文翻译出自洪堡特之手。在我看来，洪堡特的这些概念似乎并不是特别清晰；在此我将集中探讨这些概念的一个方面。没有明显的证据表明，这些概念前后一致的、单一的解读可在原文清晰获得。尽管有这一限制，但可以肯定地说，这里所勾勒的内容至少是洪堡特思想的核心组成部分之一。感谢菲特尔就原文解读所提供的许多意见和建议。

② 洪堡特认为，说一种语言中的语词具有"分节性"，指的是构成语词的潜在成分系统。这些成分依据人们清晰的感觉和规则可以构成无数的语词。从这个意义上说，一个词就是一个"分节化的客体"。人们借助"言语能力"来理解它，而不是通过"动物的感知能力"之类的过程来理解它。参见第71页：

> 但是，分节性不仅在听者身上唤起它相应的意义［Bedeutung］……（即我所感知的词的意义），而且将语词作为一个无限的整体——即一种语言——的一部分，直接呈现在听者面前。事实上，由于分节性的存在，人们才有可能根据一定的感觉和规则，利用一些具体的词的要素，构成无限的语词，从而确定词之间的密切关系，这种关系跟概念之间的密切关系相对应。（洪堡特 1999：57-58（有改动））

接着，他进一步阐释了他的意思，并指出只有生成过程才能被心灵所理解，语言不应被看作是

> 一种整体上可以一览无余的或者可以拆散开来逐渐传递的材料，而应被看作是永不停歇的、自我创造的材料；创造的规律是确定的，但产品的范围，甚至在一定程度上，产品的本质都是不确定的。（洪堡特 1999：58）

请比较奥古斯都·威廉·施莱格尔对"分节性"的定义（《艺术学》，第239页）：

素构成了"心智劳动"的基础;这种因素就是洪堡特所说的语言"形式"。① 它仅仅是语言固有的生成话语的深层规则。生成过程在实际言语的产生中(或在言语感知中。洪堡特认为,语言感知在一定程度上类似于语言表现 – 请参阅下文第 105-106 页 ②)所实施的范围和方式完全是不确定的(参阅第 115 页注释 ②)。

语言的形式包括"发音规则"[Redefügung]、"构词"[Wortbildung]规则和确定"词根"[Grundwörter]类别的概念形成规则(第 61 页)。相反,语言的材料[Stoff]包括没有分节的声音、"全部的感觉-印象和借助语言生成概念之前心智的自发活动"(第 61 页)。语言的形式是一种系统性的结构,不包含孤立存在的个体成分,只有在这些成分中发现"构成语言的方法"时才会接纳它们(第 62 页)。

这些固定机制借助它们系统的、统一的表征构成了语言形式,因此,必定能令语言形式产生跟思维过程所规定的条件相对应的、无穷无尽的语言事件。语言是无限的、无界的,"本质上,语言能表达所有可以想到的东西"(第 122 页)。因此,语言的基本属性就在于能使用有限的、特定的机制来应对无限的、不可预测的突发事

分节性(可以说是,话语链接起来的瞬间)指的是,器官任意的、有目的的移动。因此,它跟类似的精神活动相对应。

他指出,分节化的语言不同于动物的喊叫或情感表达——它不能通过一系列"粗糙的模仿"来实现,而是需要一个新的原则。

另见第 115 页注释 ②。

① 参见第 58-59 页:"在把分节音转化为思想表达的精神劳动中,存在着某种恒定的、同形的元素,正是这种元素,就其全部的关系和整体系统而言,构成了语言的形式"(洪堡特 1999:50)。在我看来,洪堡特的"语言形式"从广义上来说,本质上就是当今所说的语言的"生成语法",参见第 86 页注释 ① 和后面第 83 页。

② 凡论及本书的页码,均指本书页边码。——译注

件的能力。"因此，语言必定能无限地使用数量有限的手段，并且能够通过生成能力做到这一点，而这一能力正是语言和思想的特性"（第122页）。

洪堡特认为，即使是词库也不能被看作是"一个不活跃的整体"。除了形成新词外，说话者或听话者对词库的使用还涉及"造词能力的连续生成和再生成"（第125-126页）。语言最初形成时和儿童习得语言时是这样，语言的日常使用也是如此（参见第106页注释②）。因此，他认为，词库并不是所熟记的单词的列表，使用语言时，我们可以仅仅从中提取语词（"倘若人不是生来就拥有了形成单词能力，任何人的记忆都不能有如此功能"），相反，词库建立在某些井然有序的生成原则的基础上，这些原则在特定场合能生成恰当的词项。正是基于这一设想，他提出了以下著名的观点：（用现代的术语说）概念是依据某些"语义场"组织起来的；生成原则决定着这一系统，概念依据它们跟这些原则的关系来获得自己"值"。

言语是思想的工具和自我表达的工具。它在确定人的认知过程、"人的思想和通过思考所展示的创造力"[denkende und im Denken schöpferische]（第36页）、人的"世界观"、"将各种思想联系在一起"[Gedankenverknüpfung]的过程等的本质时，"处处"发挥着"构成性的"作用（第50页）。更概括地说，作为一个有机的整体，人类语言介于人和"无论内在还是外在都影响着他的大自然"之间（第74页）。尽管语言具有普遍性，而且这种特性可归于人类的心智，但每种语言都会提供了一个"思想世界"和一个独特的视角。洪堡特把言语在确定心智过程时所发挥的这种作用归因于个别语言，这样做就完全脱离了笛卡尔语言学的框架，采用了一种更加典型的浪漫主义观。

不过,洪堡特的观点仍处在笛卡尔的框架内。他认为,语言主要是思维和表达自我的工具,而不是类似于动物的功能交流系统。例如,他坚称,人被"声音的世界包围,所以可以接纳和加工物质世界"(第74页)。因此,即使在其形成初期,"语言……也任意地扩展开来,涵盖到了偶然的感性知觉和内心思考的一切对象"(第75页;洪堡特1999:60)。他认为,如果有人主张语言主要是为了满足互助的需要,那他就错了。"人并没有这种需要——含糊不清的声音就足以让人达到互助的目的。"不过,可以肯定的是,语言的一些用法纯粹是为了满足实用目的。例如,如果一个人命令将一棵树砍倒,"说这句话时,他想到的仅仅是他所指的那个树干"(第220页)。然而,同样的语词如果用来描述自然,或用在诗歌中,就具有"更广的意义"。此时,这些语词不单单被用作工具或仅仅具有指称功能,也不是用于"人的局部活动,服务于有限的目的",而是指代"思想联系和感觉的内在整体"(第221页;洪堡特1999:156)。只有在后一种情形中,在生成和解读言语时语言的全部资源才得到利用,话语中的词汇结构和语法结构才能在语义解读时充分发挥其各自的作用。语言的纯粹实际使用不是人类语言的本质特征,而仅仅是人们所发明的某种依附性系统的特征。[①]

洪堡特把"语言形式"看作固定不变的生成原则,它确定着个体的无数"创造性"行为的范围,并为这些"创造性"行为提供了手

---

① 例如,地中海沿岸的通用语;或许,我们可以再加上动物的交际系统,或布让、布隆菲尔德和维特根斯坦及其他一些人所说的"语言游戏",他们提出,"语言游戏"是语言的典型形式,也是语言的"原始形式"。

段，而这些"创造性"行为构成了正常的语言使用。洪堡特的这些观点对语言学理论做出了独创性的、重要的贡献。然而，不幸的是，直到最近洪堡特的贡献仍没有被认识到，也没有被研究。[①] 对比洪堡特的"形式"观念和哈里斯在《赫尔梅斯》(1751)中对这一观念的发展，就可以理解洪堡特的贡献。哈里斯认为，语言本质上是一个语词系统。语词的意义(语词所代表的思想)构成语言的形式；语词的声音构成语言的物质(材料)。哈里斯的形式观念是仿照经典模式提出的，亦即，隐含的概念是形式或有序排列的概念。但是，在其关于语言的著作中，哈里斯并没有说，对语言形式的描述远不止是对其成分做详细说明、分类以及把"内容元素"与"表达元素"联系起来。换言之，没有任何迹象表明哈里斯理解了洪堡特的深邃见解，即语言不止是各类元素"按照一定模式所做的组合"；对语言所做的描述，只要是合理的，都必须将这些元素交给生成原则的有限系统来处理，这些生成原则决定了个体的语言成分和它们之间的相互关系，并构成了无数的、有意义的语言行为的基础。[②]

---

① 我们把语言的特定状态当作描述对象，认为它具有"心理现实性"。在这一点上，我们跟洪堡特不同。洪堡特对共时描述和历时描述的关系含糊其辞。

② 哈里斯在《赫尔梅斯》中的论述可能最接近洪堡特的"形式"概念。在此著作中，他引用了阿摩尼阿斯的观点，而后者则将运动与舞蹈、木材与门以及"发出声音的能力"(它是说话的物质基础)跟"人们通过名词或动词解释自我的能力"(它作为语言的形式源于人特有的灵魂，就像物质基础源于自然界那样)联系起来。参见哈里斯的《著作集》，第一卷，第393页，脚注。

在其他地方，哈里斯从另一方面讨论了内涵更为丰富的"形式"概念。在《哲学活动》(*Philosophical Arrangements*)(1775年；《著作集》，第二卷)中，他将"形式"的概念界定为"有生命的原则"："自然物体的有生命形式不是其组织，不是其外形，也不是其下位形式，这些形式构成了它的可见特征的系统；而是一种能量，这种能量不是组织，不是外形、不是那些特征，但是却能够产生、保护并使用它们"(第59页)。

浪漫主义时期人们对"机械形式"与"有机形式"的区别做了详细的讨论。若探讨洪堡特"语言形式"这一概念的发展状况,我们就必须考虑这一背景信息。奥古斯都·威廉·施莱格尔用以下方式对"机械形式"与"有机形式"做了区分:

> 如果某种形式是通过外力偶然赋予给物质的,并不涉及物质的特性,那么这种形式就是机械的。例如,我们使一个软的物质具有某种特定形式,其硬化后可能仍保持这种形式。有机的形式是先天的;它从内部展现出来,随着胚芽的充分发育,它也就获得了其确定的形式。[①]

柯勒律治用下面的话对此做了诠释:

> 如果我们预先赋予给定的物质材料以确定的形式,这种形式不必源自物质自身的特性,那么这种形式就是机械的;比如我们把一块湿粘土做成我们希望得到的形式,粘土硬化后就会保留这种形式。而有机形式是天生的;随着它的生长,其内部机制在不停地塑造它的形式,当发育成熟时,它的外部形式也达到了完美状态。生命如此,有机形式亦然。大自然,这位极其友善的艺术家,其各种能力是用之不竭的;同样,其形式也是无穷无尽的——它的每个外观都是其内部要素的相貌——就

[①] 《论戏剧艺术和文学》(*Lectures on Dramatic Art and Literature*, 1808)。其第二版(London: George Bell and Sons, 1892)由约翰·布莱克翻译(第340页)。

像一面凹透镜映射出的真实影像……①

上述两个例子的背景是，人们在探讨天才的个人作品如何受制于规则和法则。洪堡特提出语言具有"有机形式"，该形式在个人言语创造中起着决定作用，这些其实都是他讨论有机形式和机械形式时取得的意外收获，尤其是考虑到艺术的创造性和语言使用的创造性之间的联系已经确立的情况下（参见上文第 61-62 页）。②

洪堡特提出了语言中的"有机形式"这一概念，这一概念跟歌

---

① "1818 年的讲座和笔记"，载阿什（T. Ashe）编的《关于莎士比亚和其他英国诗人的讲座和笔记》(London: George Bell and Sons, 1893)，第 229 页。柯勒律治关于心灵本性的一些评论预示了洪堡特对语言的看法。他们都强调，尽管受到有限规则的约束，但是创造潜能依然具有多样性。在同一场讲座中，柯勒律治还认天资跟规则是截然对立的（这也是在诠释施莱格尔的观点——亦可参见注释29），并指出"真正天才的作品一定都有其适当的[有机]形式"。"因为必定存在规则，所以天赋不可能不受规则约束：因为是规则构成了天赋——天赋就是在规则的约束下，进行创造性行为的能力。"在另外的地方，他说道："心灵不像风神的竖琴，甚至不像水流所转动的筒风琴，发出预先设置好的、你所喜欢的各种音调。如果把它看作物体的话，它应是由天才音乐家演奏的小提琴或其他弦少但音域宽广的乐器"[转引自沃勒克（R. Wellek）:《康德在英国》(Kant in England), Princeton: Princeton University Press, 1931, p. 82]。更多相关材料，请参阅艾布拉姆斯的《镜与灯》。
② 需要注意的是，在施莱格尔-洪堡特的通信中，这个话题似乎并没有明确地提出来。参见勒兹曼（A. Leitzmann）编:《洪堡特与施莱格尔通信集》(Briefwechsel zwischen W. von Humboldt und. W. Schlegel, 1908)。这个通信包含大量对"有机"形式和"机械"形式的讨论，不过是从另外一个不同方面讨论的，也就是说，是从屈折和黏着这些语言过程之间的关系这个方面讨论的。这个话题在洪堡特的《论人类语言结构的差异及其对人类精神发展的影响》(Über die Verschiedenheit des Menschlichen Sprachbaues)中有详细的讨论。
语言形式是如何出现的，它又是如何决定个体的"创造性"行为的，这些问题在这一时期并不罕见。例如，柯勒律治说道："个人心灵行为的辉煌历史，要受到国家集体心灵的制约。人们的语言本来是杂乱的，由于受到集体心灵的制约，它们就变得互相兼容。"引自辛德尔（A. D. Snyder）:《柯勒律治论逻辑和学习》(Coleridge on Logic and Learning, New Haven: Yale University Press, 1929)，第 138 页。

德早期提出的生物的"原型"理论之间[1]具有惊人的相似性。"原型"的概念被看作是一种新的维度，超越了林奈和居维叶等提出的形式的"静态"概念（即把形式看作结构和组织）。但是，歌德至少在此阶段认为，这种维度反映的是一种逻辑顺序而非时间顺序。1787年歌德在给赫尔德的信中写道：

> 原始植物是这个世界创造的最奇妙的东西，连大自然都羡慕它。有了这个模型及其关键成分，我们就可以创造出无限多的跟该模型一致的植物。也就是说，即使创造的这些植物在现实中并不存在，它们也是可能存在的。例如，它们不是图画或诗歌的阴影和幻想的事物，而是有着内在真理和必然性的东

---

[1] 贝特洛（R.Berthelot）的《歌德的科学与哲学》（*Science et philosophie chez Goethe*, Paris: F. Alcan, 1932）和马格努斯（R. Magnus）的《歌德：一位科学家》（*Goethe als Naturforscher*, Leipzig: Barth, 1906）（H. Norden 译《歌德：一位科学家》（*Goethe as a Scientist*, 1949, New York））描述了这一概念的意义和起源。众所周知，在我们所回顾的这段时期，有机形式的概念是在生物学、哲学及评论文章中提出的。例如，可以将施莱格尔的有机形式概念与布鲁门巴赫的生物学概念"形成驱力"（Bildungstrieb）进行对比。后者指的是，在有机体内部起作用的、生成性的、影响发展的原则，它决定着个体发育，让个体从胚胎发育为成年（参见贝特洛（Berthelot），第42页；他指出，受此影响，康德在《判断力批判》中做了类似表述）。贝特洛对谢林的自然哲学（Naturphilosophie）描述如下：自然被想象为"通过内部的、自发的、原始本能的、无意识的活动而出现的动态的、质的转化，并进而生成无法还原的新形式"（第40页）。还有许多其他文献可以用来说明它们之间的相似性和相互作用。这些问题在不同的地方都有讨论，例如洛夫乔伊：《存在巨链》（*The Great Chain of Being*, New York: Harper & Row, 1936）和艾布拉姆斯：《镜与灯》。要想了解进一步的背景知识和更多的参考资料，请参见门德尔松（E. Mendelsohn）："十九世纪的生物学：问题和资源"（The Biological Sciences in the Nineteenth Century: Some Problems and Sources），*History of Science* 3 (1964), pp. 39–59。

西。相同的规律适用于所有其他生物。[1]

因此,原型是一种生成原则,它决定了哪些是可能的生物;在阐述这一概念时,歌德试图提出一些连贯、统一的原则,这些原则确定此类生物的特点,并可被看作固定不变的因素,是环境条件的变化所导致的表面变化之下恒定的因素。(相关的材料,参见马格努斯,同上,第7章)。与此类似,洪堡特的"语言形式"限制着特定语言中所有个体言语的产生和感知,更概括地说,语法形式的普遍方面决定了哪些语言是可能的。[2]

---

[1] 引自马格努斯(Magnus):《歌德:一位科学家》,第59页。在《存在巨链》中,洛夫乔伊将逻辑上的"原型"(Urbid)概念追溯到罗比内(J. B. Robinet)的《论自然》(*De la Nature*,1761-1768)。他引用罗比内(第279页)的话,把"最初形态"定义为"一种理智原则,只有实现为物质时,才会变化";对于"原型"这一概念,它的各种有生命的本性,甚至无生命的本性,罗比内都做了详细阐述。

[2] 我们不要因为洪堡特主要著作的标题就误以为他赞同如下观点:每种语言都是独特的历史产物,原则上,可以具有任何想象得出来的结构。这种观点以这样或那样的形式被洪堡特之后的语言学家所表达。这里仅仅列举两个例子,从时间的角度来看它们位于两个极端。一个例子来自惠特尼(W. D. Whitney)。他批评了洪堡特语言学("Steinthal and the Psychological Theory of Language," *North American Review*, 1872;重印于 *Oriental and Linguistic Studies*, New York: Scribner, Armstrong, 1874),并总结说:"人类语言变化无穷,单单这一现象就足以说明,对灵魂能力的理解并不涉及语言的解释"(*Oriental and Linguistic Studies*, p. 360);严格来说,语言是"历史的产物",它无非就是"人用来表达思想的单词和短语的总和"(第372页);另一个例子来自朱斯。他对其所说的美国语言学的"博厄斯"传统做了总结,主张"语言之间的区别无可估量,而且其区别的方式也变化莫测"[若斯(M. Joos)编:《语言学读本》(*Readings in Linguistics*, Washington: American Council of Learned Societies, 1957), p. 96]。与他们不同,洪堡特在反复重申,所有语言的一般结构特征都是相同的。在我看来,他始终认为:"就语法而言,如果我们能深入地而非肤浅地观察它们内在的工作机制的话,会发现语言之间彼此非常相似是不争的事实。"这一立场在他写给奥古斯都·威廉·施莱格尔的信中表达得清清楚楚(1822,参见勒兹曼编:《洪堡特与施莱格尔通信集》,第54

最后，应该注意，探讨洪堡特的语言概念时，我们需要关注洪堡特的社会和政治理论著作，[①] 以及潜藏在这些著作背后的人性概念。这些是其语言概念提出的背景。洪堡特被描述为"德国天然权利学说的杰出代表，也是反对专制国家的杰出代表"。[②] 他谴责国家拥有过多的权利（也谴责任何教条式的信念）。他这样做是因为他倡导人具有基本的权利，人有权通过有意义的创造性工作和不受约束的思想来发展个性。

当然，自由是个必要条件，没有自由，即便是最为惬意的职业也无法产生任何有益的效果。如果某个任务不是人自己选择去做的，那么无论是什么样的约束，甚至这种约束对他百利而无一害，也不会成为他本性的一部分。这些东西跟他永远格格不入。如果他执行了这种任务，他这样做用的并不是真正的人文力量，而是纯粹的机械技能（考恩，同上，第46—47页）。

页）。此外，这显然是跟他所主张的语言习得的柏拉图理论相兼容的唯一观点（参见下文第101—102页）。

惠特尼的批评在历史上产生了重要影响，然而，(在我看来)他的批评不但非常肤浅，而且是完全错误的。进一步的讨论，参见乔姆斯基的《语言理论的当前问题》。

① 斯坦因塔尔在其著作《洪堡特诞辰100周年纪念会上的演讲》(*Gedächtnissrede auf Humboldt an seinem hundertjahrigen Geburtstage*, Berlin, 1867)中就强调了这一点。

② 罗克尔(R. Rocker)：《民族主义和文化》(*Nationalism and Culture*), trans. R. E. Chase (London: Freedom Press 1937)。这个判断很大程度上是基于洪堡特的早期文章《尝试界定国家作用之界限的若干想法》(*Ideen zu einem Versuch die Grenzen der Wirksamkeit des Staats zu bestimmen*, 1792)做出的。考恩在《无需政府职务的人文主义者》(*Humanist without Portfolio*)（第37—64页）中翻译了其部分内容。

语言使用的创造性

[不受外部控制]……所有农民和工匠都可以成为艺术家，即成为工艺本身而热爱工艺的人。他们用自我引导的力量和创造力来完善它；他们这样做开发了理智潜能，塑造了高贵的品质、增加了乐趣。通过这种方式，一些事物本可以彰显人性的高贵，可是，无论它们现在看起来多么漂亮，都会使人性黯然失色(同上，第45页)。

自我实现的需求是人的基本需求(这与其纯粹动物的需求不同)。如果一个人没有意识到这一点，那么我们"就完全可以怀疑他没有认识到人的本性，认为他希望把人变为机器"(同上，第42页)。国家控制与人的需求是不相容的。国家控制本质上是强制性的，因此，"它会导致单调和统一，并令人们的行为与其特性分离"(同上，41页)。正因如此，"真正的理性会期望每个人都享有绝对的、无限的自由，从而使其真正的个性得到发展"(同上，第39页)。基于同样的理由，他指出，"限制思想的自由是有害的"。他还指出，"如果政府在宗教信仰事务中主动去发挥作用"(同上，第30-31页)，或者干扰高等教育(同上，第133页)，或者规定所有形式的人际关系(如婚姻，同上，第50页)等等，都会造成伤害。此外，这些权利本质上是人的权利，不应局限于"任何国家中的少数人"；"有人认为，有些人的人权可以被废除，这样的想法是对人性的一种侮辱"(同上，第33页)。要确定基本人权是否得到了尊重，我们不能仅仅考虑一个人做了什么，而是应该考虑他是在什么条件下做这些事的——他是在外部控制下做的，还是是为了满足内在需求而自发做的。如果一个人纯粹以机械的方式行事，那么"我们可能会欣赏他的所作所为,但我们鄙视他这个人"(同上,第37页)。①

---

① 像洪堡特的"天然权利"这样的学说,其政治意义在很大程度上取决于其措辞的确切方式,同时也取决于其出现的社会环境。对此做出评估会带来很多问题。洪堡特表述这一学说时所用的术语暗示可以与马克思的《1844年经济学-哲学手稿》(T. B. Bottomore 译,载 E. Fromm 编的《马克思的人的观念》[*Marx's Concept of Man*, New York: Ungar, 1961])做比较。可以比较他们对异化劳动的描述:"当工作是外部强加给工人的,而不是他本性的一部分时,劳动就异化了,因此,他工作时就不会获得满足,而是在自我否定,并且会身体疲惫,精神萎靡"(第98页);也可以比较他们对人的"物种特性"的定义,他们将人的"物种特性"定义为"自由的、有意识的活动"和"生产性生活"(第101页)。而异化的劳动会把一些工人重新抛入到野蛮的工作中去,把另外一些人变成机器。因此,这种异化劳动剥夺了人的"物种特性"(第97页);也可以把洪堡特的学说跟马克思提到的、大家都非常熟悉、更高级的社会形式相比较。在马克思提到的这种社会中,"劳动不仅是一种谋生的手段,而是生活的最高需求"(《哥达纲领批判》,1875)。

我们可以将洪堡特的言论与卢梭的观点做一比较。卢梭在《论人类不平等的起源和基础》(1755; translated in *The First and Second Discourses*, ed. R. D. Masters, New York: St. Martin's, 1964)中,对现代的社会制度提出了批判。其目标是"摆脱君权神授的宗教教义,仅凭理性就从人性推断出不平等的起源及其发展过程、政治社会的建立和滥用"(第180页)。他严格地按照笛卡尔的思路,把动物描绘为"一种精巧的机器。大自然赋予了它们各种感官,从而让它们保持活力,并在一定程度上保证自己免受一切可能的攻击或骚扰。""每个动物都有思想,因为它们具有感官;在某种程度上,它甚至可以把自己的思想组合起来。在这一点上,人与动物之间只存在程度上的差异"(参见第96页注②)。人与野兽的绝对区别,就在于人是一个"自由的个体",并且"对这种自由有清醒的意识"(进一步具体的差异是作为一个个体、一个物种,人具有"自我完善的能力",这种能力也许可归于人的自由)。尽管人性的大部分都可以归于"人类机器"的属性,但仍然只有人类的行为超越了物理解释的范围。"物理学以某种方式解释了感官的机制和思想形成的机制;但是意志的能力,或者说选择的能力,以及展示这种能力时的情感,只存在于精神行为中。对此力学定律束手无策,无从解释"(第113页以下)。

这本质上是笛卡尔对人性的构想。卢梭在此基础上发展了他的理论,并对现代社会做了评判。因为自由是"人类最崇高的能力",所以如果人要放弃自由,服从"残暴的或变态的主人"的指令,那么他就"贬低了自己的本性,把自己贬低到受本能约束的野兽的层次"(第167页)。国家政府、现代社会组织以及习惯法都源于有钱者和有权者的阴谋,因为借助这些,他们可以保护自己的权利和财产,并使之制度化。这种阴谋"给弱者带来了新的枷锁,而给有钱人却带来了新的力量。它彻底摧毁了天生的自由,长久地确立了财产和不平等的法则,它把用巧妙的方法篡夺过来的东西变为不可剥夺的权利,显然，洪堡特强调的是，语言使用的自发性和创造性源于"人性"这一更具有概括性的概念。"人性"这一概念尽管并不是他提出来的，但是他以一种崭新且重要的方式对这一概念做了发展和阐释。

如上所述，洪堡特致力于揭示语言的有机形式，即规则和原则的生成系统（这些规则和原则决定了语言中每个孤立存在的成分）。尽管他的努力对现代语言学影响甚微，但却有一个颇有意义的例外。结构主义者强调，语言是"所有东西结合在一起的系统"，至少从概念上来说，这是从洪堡特语言学中的有机形式直接发展出来的。洪堡特认为，语言不是大量孤立的现象，如单词、声音、个体言语的产生等，而是一个"有机体"，其中所有部分都相互关联，每个部分的作用由它跟各种生成过程的关系来决定，这些生成过程构成了潜在形式。现代语言学专注的对象几乎完全局限于，成分的清单

它为一小撮野心勃勃的人谋取利益，而自此，让整个人类遭受劳动、奴役和痛苦。"最后，随着国家的建立，"最正派的人也认为杀戮同胞是自己的职责之一；最终，千千万万的人相互残杀，而且还不知道这一切是了为什么"（第160-161页）。只要社会将财产权、裁判权和专制权给制度化，就违反了自然法则（第168页及其以下）。"少数人饱食终日，仍绰有余裕；而芸芸众生却食不果腹，连基本的必需品都欠缺"（第181页），或者"每个人都从他人的不幸中获利"（第194页），这违反了人的天然权利，也违反了自然法则；"法学家庄严地宣布，奴隶的孩子生下来就是奴隶，换句话说，他们已经做出判决，那些奴隶的孩子生下来就不是人"（第168页）。人已经变成了"喜欢交际的人"，因为他生活在"自己之外"。他生活在"他人的眼中"，仅仅通过他人的判断，"来获得自己的存在感"（第179页）。只有废除贫人、富人、强者、弱者，主人、奴隶这些社会身份——通过"新的革命"完全解散政府或使政府成为更合法的机构，只有这样，人才可以恢复其真正的人性。"勒死或废黜苏丹（国家统治者）的暴行是合法的，这就如同他在前一天剥夺其臣民的生命和财产的暴行一样，是合法的"（第177页）。[在"语言与自由"(Language and Freedom)（最初发表于1970年；后收录于乔姆斯基1987）中，乔姆斯基对卢梭和洪堡特做了进一步的讨论。]

和固定的"模式"。因此,"有机形式"的范围比洪堡特构想的范围要窄得多。但是在这个更窄的框架内,"有机的相互关联"这个概念得到了发展,并被应用于语言材料中,而且其应用的方式远远超出了洪堡特的提议。现代结构主义的主要假设是"[尤其]音系系统并不是各个孤立存在的音素的简单总和,而是一个有机的整体,音素是其成员,而这个有机整体的结构受规则的约束。"[①] 它们进一步的发展,大家已耳熟能详,这里我就不再赘述。

上面提到,洪堡特认为,语言形式包含句法规则、单词构成规则、声音系统的规则和决定(构成词库的)概念系统的规则。他进一步区分了语言形式和他所说的语言特性。在我看来,他采用这个术语,就意味着他认为,语言取决于语言的使用方式,特别是在诗歌和哲学中的使用方式;语言的"内部特性"(第208页)一定不同于其句法结构和语义结构,后者是形式的问题,不是使用的问题。"随着观念的不断变化,以及思维能力的加强和感觉能力的深化,时间会给语言带来新的东西,但这并不会改变语言的语音,更不会改变语言的形式和规则"(第116页;洪堡特1999:86-7)。因此,伟大的作家或思想家可以在不影响语法结构的情况下,改变语言的特性,丰富语言的表达手段。语言特性与民族性格的其他元素紧密相关,是高度个性化的东西。洪堡特像笛卡尔和其他浪漫派先驱一样,认为语言的正常使用通常会涉及创造性的心智行为;然而是语言特征,而非语言形式,反映了更高意义上的、真正的"创造性",即隐含着价值和创新的"创造性"。

---

① 特鲁别茨柯依(N. S. Troubetzkoy):"当前的音位学"(La phonologie actuelle),*Psychologie de langage*(Paris, 1933),第245页。

尽管洪堡特关注语言使用的创造性、语言的形式和生成过程，但他并没有进一步探讨实质性问题：语言"有机形式"的确切特征是什么？在我看来，他并没有尝试去构建特定的生成语法，或去确定此类系统的一般特征，即任何特定语法都遵守的普遍范式。我们下面将会看到，在这点上，他在普通语言学方面的研究成果没有达到前人所达到的水平。对于几个基本问题，他论述得也不清楚，特别是，对规则支配的创造性和其他类型的创造性的区分问题，他论述得并不清楚：前者构成了语言的正常使用，并不改变语言形式，而后者会改变语言的语法结构。这就削弱了其著作的价值。大家也认识到了这些不足，而且在最近的一些著作中，这些不足在一定程度上得到了克服。此外，在讨论语言的生成过程时，他通常都不清楚交代他所讨论的是潜在的能力还是具体的行为——亚里士多德的形式现实性的第一级或第二级（《灵魂论》，第二册，第1章）。当代的研究再次强调了这种经典的区别，参见第86页注释①及所列举的文献。当代的生成语法概念可被看作是洪堡特的"语言形式"概念的发展。不过，这要满足一个前提条件，即形式被理解为"拥有知识"，而不是亚里士多德的"知识的实际运用"（请参阅第116页注释①）。

顺便说一下，我们需要注意，笛卡尔语言学没有以精确的方式给出句子的构建规则并不是笛卡尔语言学的疏忽造成的。在某种程度上，这是当时的一个假设的结果，当时认为，至少在"精心设计"的语言中，句子中单词的顺序直接对应于思想的流动，①因此把它作

---

① 这个概念的提出，似乎跟能否用本地话代替拉丁语的争论有关。更早的文献，参见布鲁诺(F. Brunot)：《法语史》(*Histoire de la langue française*, Paris: Librairie Armand Colin, 1924, vol. IV, pp. 1104f.)和萨林(G. Sahlin)：《马尔塞的凯撒·谢诺及其在普遍语法发展中的作用》(*César Chesneau du Marsais et son rôle dans*

为语法的一部分进行研究，是不恰当的。《普遍唯理语法》坚持认为，语法中，除了语言的比喻性用法外，对句子结构的规则几乎没有什么可说的（第145页）。不久之后，拉米说道，不讨论"言语必须遵守的词汇顺序和规则"是有道理的，因为"自然之光已经生动形象地展示了我们必须做的事情"，因此，不必要做进一步的详细说明（第25页）。[①] 大约在同一时间，威尔金斯主教[②]区分了"惯用"

---

l'évolution de la Grammaire générale, Paris: Presses Universitaires, 1928, pp. 88-89）。这些著作中包括一篇1669年的文献。这篇文献认为法语语序是自然的，它甚至宣称，"罗马人在说拉丁语之前，是用法语思考的。"狄德罗非常相信法语的"自然性"，认为它更适用于科学，而非文学；其他欧洲语言，由于其语序"不自然"，更适用于文学表达[《关于聋哑人的信》(Lettre sur les sourds et muets), 1751]。对此，英国人倾向于持不同的观点。例如，边沁认为，"在所有已知语言中，英语所具有的特征，是最重要的特征，是适用于所有语言的特征，是各种语言的特征加在一起的总和"（Works, ed. J. Bowring, New York: Russell and Russell, 1962, vol. VIII, p. 342）。瓦尔特认为，"拉丁语和理性的灵魂之间具有相似和对应关系"，这是不言而喻的。在16世纪后期，他写道："拉丁词汇以及这种语言的说话方式是非常理性，听起来美如天籁。因此，当理性的灵魂有一种冲动，想要创造一种表达力丰富的语言时，马上就会发现拉丁语"[《Ingenios研究》(Examen de Ingenios), op. cit., p. 122]。

从17世纪起，就有很多人讨论发明"哲学语言"的可能性，这种哲学语言比任何一种人类语言都能更好地反映"真正的哲学"和思维原则。很明显，对此问题的兴趣是莱布尼兹对比较语法的兴趣之源，后者也许能揭示"语言的优点"。对相关研究进展的讨论，参见库图拉和勒缪（Couturat & Leau）:《普遍语言史》(Histoire de la langue universelle, Paris, 1903)；麦克林图世（Margaret M. C. McIntosh）:"从瓦尔斯到库珀的皇家学会的语音学和语言学理论"（The Phonetic and Linguistic Theory of the Royal Society School, from Wallis to Cooper）, unpublished B.Litt. thesis, Oxford University (1956)；卡西尔（Cassirer）:《符号形式的哲学》(The Philosophy of Symbolic Forms)。

① 拉米（B. Lamy）:《说话的艺术》(De L'art de parler, 1676)。在很多语言中，由于文体的原因，人们会颠倒"自然语序"；但是，他坚称，法语没使用这样的"语法修辞"，因为"法语推崇整洁和简单；鉴于此，法语的表达都会采用最简单、最自然的语序"（第23页）。亦可参见第26-27页。

② 威尔金斯（J. Wilkins）:《论真实人物和哲学语言》(An Essay towards a Real Character and a Philosophical Language, 1668)。

的结构(如 take one's heels and fly away, hedge a debt, be brought to heel 等)和因遵守了"语词的自然意义和次序",而无需专门讨论的结构(第354页)。例如,主语、动词和宾语的排列,或主语、系词和形容词的排列,或者"语法"小品词和"抽象的"小品词跟它们支配的词汇条目的相对顺序,等等(第354页)。

跟"自然语序"观相对的观点是,认为每种语言都包含一个随机的"模式"集合。这些模式是通过不断的重复(和"概括")习得的,它们构成了一套"语言习惯"或"倾向"。这种观点认为,语言的结构和使用可以用这些术语来描述,这构成了当代大部分语言研究的基础,这种观点还常常主张,在句法上做出有意义的跨语言概括是不可能的(请参见上文第57-58页)。这与依赖假定的自然顺序一样,它导致的后果就是,人们不再去详细描述特定语言的"语法形式"或每种语言都必须遵循的一般的抽象模式。①

总而言之,我们所说的"笛卡尔语言学"的一个重要贡献是,观察到人类的语言与动物的伪语言不同,人类语言的正常使用不受可独立地识别的外部刺激或内部状态的控制,并且不限于任何实用的交际功能。因此,它可以作为自由思想和自我表达的工具。思维和想象的无限可能性反映在语言使用的创造性上。语言虽然只提供了有限的手段,但却能提供无限的表达,这些表达仅受概念形成规则和句子形成规则的限制。这些规则一部分是特殊的、独

---

① 然而,"自然语序"假设有一个优势:它不会违背一些明显的事实,如人们相信,可以用"习惯"或"回答的倾向"这些术语来描述语言;再如,人们相信,一种语言的句法结构就是各类模式的某种列表。因此,作为一种语言结构的构想,"自然语序"假设具有一定意义,不排除这种假设将来能变得更加清晰,并得到进一步的发展。

特的,一部分是普遍的,是人类共有的。每种语言有限的、可列举的形式——用现代术语来说,语言的生成语法(参见第116页注释①)——形成一个"有机整体",这一整体把它的基本成分相互关联起来,同时也是无数具体的语言表现形式的基础。

在这一时期,主流的观点是,"语言是人类心灵最好的镜子"。[①]语言过程和心理过程密切关联,这就促使笛卡尔去检验其他心灵的存在(这一点,上面已经谈到)。这种观点在整个浪漫主义时期都有所表达。对于弗里德里希·施莱格尔来说,"心灵与语言是不可分割的,思想与语词本质上是一个东西。因此,就如思想是人类才拥有的东西,我们可以根据语词的内在含义和价值,把语词称作人的真正本质。"[②]我们已经提到洪堡特的结论:产生语言的力量和产生思想的力量是无法区分的。在一段时间,这个结论得到了持续的响应,[③]但到了现代响应的越来越少了。

---

① 莱布尼茨(Leibniz):《人类理智新论》(*Nouveaux essais sur l'entendment humain*), book III, chap. VII;英文见 *New Essays Concerning Human Understanding*, ed. A. G. Langley (La Salle: Open Court, 1949)。莱布尼茨进一步声称:"对语词意义的准确分析最能展示理智的工作机制"(1949年版,第368页)。有关莱布尼茨对语言的研究,进一步的讨论见阿尔斯勒夫(H. Aarslef):"莱布尼茨论洛克和语言"(Leibniz on Locke on Language), *American Philosophical Quarterly* 1 (1964), pp. 1–24。

② 弗里德里希·施莱格尔(F. Schlegel):《新旧文学史》(*Geschichte der alten und neuen Literatur*, 1812);费塞尔(E. Fiesel):《德国浪漫主义的语言哲学》,第8页有引用。亦可参见奥古斯都·威廉·施莱格尔(A. W. Schlegel):"论普通语源学"(De l'étymologieen général), in *Œuvres écrites en français*, ed. E. Böcking (Leipzig, 1846), p. 133:"人们常说,语法是发挥作用的逻辑;但是,它不仅仅如此,它还是一种深奥的分析,是思想的、微妙的、抽象的理论。"

③ 有时也会有意料不到的群体响应这种观点。例如,1837年,蒲鲁东在向贝桑松学院提交的奖学金申请中说,他意在提出一种普遍的语法,他希望这种语法可以"探索心理学的新领域、哲学的新路径;研究人类心灵的本质和机制,以及心灵最明显、最

应该注意的是，在本书所研究的这段时期，其早期和后期对语言和思维关系的认识不尽相同。在早期，人们认为，语言结构密切反映思维的本质，"语言科学与思维科学几乎没有差异"（博泽，第 x 页）；[1] 人们就是基于这一假设来解释语言使用的创造性的。[2] 另

容易识别的官能，即语言；根据语言的起源和工具机制，确定人类信念的来源和组织结构；一言以蔽之，将语法应用于形而上学和伦理学，并获得一定的真知灼见；对此，学识渊博的天才们都束手无策，愁肠寸断……"[《与蒲鲁东的通信》(*Correspondance de P.-J. Proudhon*), ed. J.-A. Langlois, Paris: Librairie Internationale, 1875, vol. I, p. 31]。

亦可参照穆勒的如下论述："语法……是分析思维过程的开始。语法的原则和规则是一种手段，借助这种手段，语言形式能够跟思想的普遍形式保持一致。言语不同词类的区别、名词格的区别、动词语气和时态的区别、小品词功能的区别，这些都不仅仅是语词的差别，而是思想的区别……每个句子的结构都是一节逻辑课"[Rectorial Address at St. Andrews, 1867。耶斯佩森引用了这一讲话，并表示他不认同，耶斯佩森的这种态度在当代比较具有代表性，参见耶斯佩森：《语法哲学》(*The Philosophy of Grammar*), London: Allen and Unwin, 1924, p. 47]。

弗雷格、罗素和维特根斯坦的早期作品以不同的方式阐释了如下观点：语言的深层结构反映了思想。这一点已经众所周知，我这里就不再赘述。[有关乔姆斯基对弗雷格的部分看法，参阅乔姆斯基 1996 的第二章。]

① 博泽(N. Beauzée)：《普遍语法》(*Grammaire générale, ou exposition raisonnée des éléments necessaries du langage*, 1767)。这里和下面的页码指的是 1819 年修订和校正版的页码。

② 当然，创造性思维是如何怎么实现的，这是一个开放的问题；对此问题的讨论不尽人意，今天对这一问题的解释情形亦然——换言之，它仍然完全是个谜。例如，"我们拥有新的思想，然而，我们却无法在自身找到其根源，或将其归因于他人"，科迪默对此归因于"灵感"，即无形的灵魂的交流（同上，第 185—186 页）。他那个时代很多人都会同意，"人的理智官能或多或少有某种跟神的属性相类似的东西"[赫伯特(Herbert of Cherbury)：《论真理》(*De Veritate*, 1624), p. 167]；此处和后面引文的页码指的是卡雷译本的页码，University of Bristol Studies No. 6 (1937)。在探讨人们那时为什么会诉诸于超自然的东西时，必须考虑当时的背景，那就是从 16 世纪起，一直贯穿于整个浪漫主义时期，在艺术理论中出现了新柏拉图主义思潮的复兴。新柏拉图主义把人的创造能力看作与神的流溢相似的东西。相关讨论，请参阅洛夫乔伊的《存在巨链》和艾布拉姆斯的《镜与灯》，以及这些著作中的文献。[从这些例子可以明显看出，乔姆斯

一方面，语言是思维的媒介这一观点被重新表述为：对于思想，语言具有构成作用。例如，拉梅特里讨论了大脑是如何比较它所识别的图像，并将它们关联起来的。他的结论是，由于大脑的特殊构造，一旦物体的符号和它们的差异"被印在大脑上，灵魂必定会检查它们的关系[①]——没有符号的发现或语言的发明，这种检查是不可能的"（同上，第105页）；在发现语言之前，我们只能以模糊或肤浅的方式来感知事物。我们已经提到洪堡特的观点："人首先与事物生活在一起。因为人的感知和行为受控于他自己的表象，我们甚至可以说，他实际上完全是按照语言的引导来生活的"（同上，第74页；洪堡特，1999：60）。受浪漫主义的新相对主义的影响，把语言看作思维的构成性媒介这一观念也发生了重大变化。例如，有些学者就主张，语言的差异会导致心智过程的差异，甚至导致心智过程的不相容性。[②] 不过，这一发展变化并不是我们的主题；对它在现

基这里谈论的是创造性思维的起因或来源。他之后的著作（如乔姆斯基1972）似乎认为人们可以解释创造性思维是如何实现的：人们能讨论心灵的本质，这就可以解释创造性思维。请参见编者序言和McGilvray 2005。]

① 别忘了，拉梅特里认为，灵魂并不是独立的实体。"因为灵魂的官能在很大程度上依赖大脑和身体的特定组织结构，所以，很明显这些官能就是这个组织结构：这样，这台机器就得到了完美的解释！因此，灵魂仅仅是我们一无所知、且毫无用途的术语。健全的心灵只用这个术语来指代我们思考的器官"（第26页；MaM，第128页）。他坦承，对大脑"想象能力"的本质，我们知之甚少，对大脑"想象能力"的工作方法也不甚了解；大脑所想象出来的东西是"大脑组织结构的神奇产物"，只不过我们无法理解它为什么会产生这些奇妙的东西。（第15页；MaM，第107页）。后来的研究者对大脑的"想象能力"更没有把握，他们把大脑描述为分泌思想的东西，就如肝脏能分泌胆汁一样（Cabanis）。

② 笛卡尔派的学者通常认为，正常人的心智过程都是相同的，所以虽然语言表达的方式可能会有所不同，但语言表达的思想是相同的。例如，科迪默在讨论语言学习时（《论语言》第40页及以后各页；参见下文第101页），认为第二语言习得只不过是

代的详细论述,我们也都比较熟悉,这里我就不再过多讨论。

给新的语言表达赋予跟母语表达相关的思想。因此,把一种语言翻译成另一种语言,并没有特大的困难。当然,浪漫主义者会坚决否认这种说法,他们不仅将语言看作是"心灵的镜子",而且还将它看作是心智过程的构成要素,看作是文化个性的反映(参见赫尔德的观点:"要解释人类的历史和人类理智与情感的不同特征,最好的方法是对人类的语言做哲学比较,因为人们的理智和性格都印记在其语言中。"《哲学思想论》(*Ideen zur Philosophie der Geschichte der Menschheit*)第 1784-1785 页;见海因特(同上),第 176 页)。

深层结构和表层结构

我们已经注意到,对语言使用的创造性的研究所基于的设想是,语言过程和心灵过程几乎是一致的,语言为思维和感情的自由表达提供了基本手段,并为创造性的想象提供了基本工具。与此类似,在我们所说的"笛卡尔语言学"的发展过程中,对语法的许多深入讨论也都源于这一设想。例如,《波尔-罗雅尔语法》开始谈论句法时,就说道:"我们的心灵有三种操作:想象、判断和推理"(27页),第三种操作跟语法无关(两年后于1662年出版的《波尔-罗雅尔逻辑》讨论了这一操作)。从概念在各种判断中的组合方式,《语法》推出所有可能语法的一般形式,并从"我们表达思想的自然方式"的角度,阐释了这种普遍的基础结构(30页)。[①] 在此之后,试图提出普遍语法的各种尝试,大部分都是沿着这一思路进行的。

通常情况下,18世纪的著作在一定程度上都有《波尔-罗雅尔语法》的痕迹。与这些著作不同,詹姆斯·哈里斯的《赫尔梅斯》没有《语法》的烙印。然而《赫尔梅斯》仍是从心智结构出发推测语言的结构,只不过是以一种不同的方式进行的。总体而言,哈里斯认为,一个人说话时,"他的言语或话语是其灵魂的潜能或活动

---

① 后面我们会回来直接谈论它的一些具体设想。

的外在表现"(第 223 页)。① "灵魂的力量"有两种形式：感知(涉及感官和理智)和意愿(意志、激情和食欲)——无论理性与否，它们都会令我们采取行动(第 224 页)。因此，就有两种语言行为：一是断言，亦即，表达"感官或理智所知觉的东西"；二是"表达意愿"，如审问、命令、祈祷或祝愿等(第 224 页)。第一种句子用于"向他人表达我们的见解"；第二种句子用于引导他人来满足自己的某种需求。借用这种方式，我们可以分析意愿句，具体而言，根据这种需要是为了"获得某种感知信息"还是为了"满足某种意愿"(它们分别对应于疑问态和命令态)而分析。命令态进一步分析为命令或祈使，具体是哪种语态，要取决于句子陈述的对象是下级，还是非下级。因为疑问态和命令态都是为了"回应一种需求"，所以它们都"要求有个回应"——对于命令，可以用语词来回应，也可以用行为来回应；而对于疑问，仅用语词回应就可以了(第 293 页)。② 因此，心智过程的分析为句子类型的分析提供了一个框架。

笛卡尔语言学认为，身体和心灵之间存在根本的区别，因而通常会假设语言具有两个方面。具体而言，人们可以从构成语言符号

---

① 这里的页码指的是《著作集》，第一卷的页码(参见第 109 页注释 ①)。
② 由此可见，疑问句和陈述句密切相关(它们都有答句)。"它们如此相近，以至在这两种语态中，动词的形式相同。除某个小品词的添加或省略，或在单词搭配方面的细微变化，或声调或重音方面的一点不同"之外，在其他方面它们没有区别(第 299 页)。更确切地说，在"简单疑问句"(即简单的 yes-or-no 问句)中，(除可能的省略外)答句所用到的词几乎跟疑问句所用到的词相同；然而，"不确定的疑问句"的答句"可以是无数的肯定句和否定句。例如，Whose are these Verses? 这句话，它的答句可是无数的肯定句，如 They are Virgil's, They are Horace's, They are Ovid's 等，也可以是无数的否定句，如 They are not Virgil's, They are not Horace's, They are not Ovid's。无论哪种方式，其数量都可以是一到无数个"(第 300 页，脚注)。

的声音和表征这些符号的文字来研究语言符号,也可以从语言符号的"意义",即"人们用它们来表示自己的思想的方式"来研究语言符号(《波尔-罗雅尔语法》第41页)。科迪默用类似的术语宣布了他的目标:"这里,我认真地审视了言语[la Parole]中源自灵魂的东西和源自身体的东西"(《论语言》前言)。与之类似,拉米以对如下两者的区分开始其修辞:"语词的灵魂"(即"语词的心智[精神]方面","我们特有的东西"——表达"我们的观念"的能力)和"语词的身体"——"语词的肉体方面",或者说"模仿人类声音的鸟类跟我们的共同之处",即"声音,表达它们的观念的声音"《说话的艺术》。

简而言之,语言具有内在和外在两个方面。我们可以从两个角度来研究语句:一、研究它如何表达思想;二、研究它的物理形式,亦即,可以从语义解释或语音解释的角度来研究。

借用近来提出的一些术语,我们可以区分一个语句的"深层结构"和"表层结构"。前者是决定其语义解读的基础的抽象结构;后者是决定其语音解读的各个单位在表层的组合,它跟实际话语的物理形式相关,也跟我们感知的或预期的形式相关。用这些术语,我们可以给出笛卡尔语言学的第二个重要结论,即深层结构和表面结构不必等同。语句的潜在结构与语义解释相关,它不一定能够从其成分的具体组合和措辞中显示出来。

这一点在《波尔-罗雅尔语法》中就非常清晰地展现了出来。《波尔-罗雅尔语法》首次提出了笛卡尔式的语言观,而且其阐述详尽,富有启发。[①]思想的主要形式(但不是唯一形式——参见第79页)

---

① 波尔-罗雅尔的语言理论及其对深层和表层结构的区分除了可以追溯到笛卡尔

是判断，在其中，一个事物被用来断言其他事物。判断的语言表达式是命题，它的两个项分别是"主词和谓词，主词是被断言的事物，谓词是做断言的东西"（第29页；PRG，第67页）。主词和它的属性可能是简单的，如"地球是圆的"，也可能是复杂的，如"能力出众的地方法官是共和国的栋梁之才"或"不可见的上帝创造了可见的世界"。在此类情况下，这些命题

> 至少在我们的心灵中包含了好几个判断，从这个判断我们可以得出很多命题。例如，当我说"不可见的上帝创造了可见的世界"时，这个命题包含的三个判断会出现在我的心灵。因为我断定：
> (1)上帝是不可见的；
> (2)他创造了世界；
> (3)世界是可见的；
> 在这三个命题中，第二个是原初命题中最重要的、最基本的命题。第一个和第三个是从属命题，它们只包括主要命题的部分内容——第一个构成主要命题的主词，第三个构成主要命题的谓词（第68页；PRG，第99-100页）。

之外，还可以追溯到经院哲学语法和文艺复兴时期的语法，尤其是可以追溯到省略理论和"理想类型"的理论，这些理论在桑切斯的《密涅瓦》(*Minerva*)(1587)中得到了充分发展。有关的讨论，参见萨林（同上）第一章，第89页及其以下。[如前所述，这里所引的《波尔-罗雅尔语法》（朗瑟洛和阿尔诺的《普遍唯理语法》）是1975年的译本（个别地方有所改动）。法文本(1660)及英译本(Arnauld and Lancelot 1975, 缩写为PRG)的页码都给出来了。]

换句话说，尽管"不可见的上帝创造了可见的世界"这个命题的表层形式只是个主词-属性结构，但它的深层结构包含三个抽象命题，每个命题表示一个简单的判断。当然，这种深层结构只是隐含的；它只表征在心灵中，没有表达出来。

> 就如同刚才引用的例子［即"不可见的上帝创造了可见的世界"］，现在，这些从属命题经常出现在我们的心灵中，尽管它们没有以语词的形式表达出来（第68页；PRG，第100页）。

有时，可以在表层结构用更明确的方式表达深层结构，比如"当我将上述例子还原为下面的形式时：'God Who is invisible created the world Which is visible'"（第68-69页；PRG，第100页）。无论话语的表层形式是否以简单的、点对点的方式对应于深层结构，深层结构都具有心理现实性，是话语在心灵中的体现。

一般来说，名词和同位名词构成的结构、名词和形容词构成的结构、名词和分词构成的结构，其深层结构都包含一个关系从句："所有这些说话方式都包括关系代词的意义，并且可以由关系代词表达出来"（第69页；PRG，第100页）。同样的深层结构在不同语言中会有不同的实现形式：就像拉丁语有"video canem currentem"，法语有"Je voy un chien qui court"（第69-70页；PRG，第100页）。关系代词在"从属命题"中的位置取决于将深层结构转换为表层结构的规则。例如，在"God whom I love"和"God by whom the world has been created"这样的短语中，我们就可以看到这一点。在这些短语中，

（尽管根据意义，关系代词应该处在最后，但是）它总是处在命题开头的位置。不过，关系代词受介词管辖时除外，这时介词要居首，至少通常如此（第 71 页；PRG，第 101 页）。

在刚才讨论的每个句子中，深层结构都包括一个命题系统，并且，它跟实际产生的物理对象之间没有直接的、一一对应的关系。通过基本命题的这种基础系统生成实际句子时，我们会应用某些规则（用现代术语来说就是语法变换）。在这些例子中，我们会应用的规则是前置关系代词，也就是把代替从属命题的关系代词（如果有介词的话，同时把名词之前的介词）前置。然后，我们可以继续选择性地删除关系代词，同时删除系词（如在"Dieu invisible"中可以采用这一规则）或改变动词的形式（如在"canis currens"中可以采用这一规则）。最后，在某些情况下，我们必须交换名词和形容词的顺序（如在"un habile magistrat"中可以采用这一规则）。①

表达意义的深层结构在所有语言都是相同的，因此，它被认为是思想形式的简单反映。把深层结构转换为表层结构的转换规则在不同语言不尽相同。通过这些转换而得到的表层结构并不直接表达语词之间的语义关系，当然，最简单的情形除外。表达句子语义内容的，是实际话语所依赖的深层结构，这种结构是纯粹的心智结构。这种深层结构与实际的句子相关，这是因为它的每个抽象命题成分（例如在刚刚讨论的例子中）都可以直接实现为一个简单的命题判断。

---

① 这个转换并没有被提到，不过它蕴含在所给的例句中。

《波尔-罗雅尔逻辑》[1]发展了把基本命题和从属命题看作深层结构的构成要素这一理论,并详细分析了关系从句。《逻辑》区分了解释性(非限制性或同位性)关系从句和限定性(限制性)关系从句。对它们的区分建立在先前对"普遍概念"的"内涵"和"外延"的分析之上;[2] 用现代术语来说,就是建立在对意义和指称的分析的

---

[1] 阿尔诺:《逻辑或思维的艺术》(*La logique, ou l'art de penser*, 1662)。J. Dickoff and P. James 将之翻译为 *The Art of Thinking: Port Royao Logic*(Indianapolis: Bobbs Merrill, 1964)。这里的页码指的是译文的页码。[J. V. Buroker 也翻译了这本书,其译本为 Arnauld and Nicole 1996(缩写为 PRL);这个译本的页码也给出了。] 关于这本著作对语言学的意义,近期的讨论参见 H. E. Brekle, "波尔-罗雅尔逻辑中的符号学和语义学"(Semiotik und linguistische Semantik in Port-Royal), *Indogermanische Forschungen* 69(1964), pp. 103—121。

[2] 在笛卡尔思想中,"观念"的概念至关重要,但比较难理解。其中有几个术语(如"观念"、"概念")的意义没有明显的、系统的差别,而且,这个概念本身也没有被清楚地界定。在《第三沉思》中,笛卡尔将"观念"跟"图像"联系在了一起,他说"我的某些观念就像是事物的映像,严格来说,只有在这些情况下,'观念'(拉丁语:idea)这个术语才是恰当的"(CSM II, 25;当然,这些"图像"可能是通过想象或沉思得到的,而不是通过感官获得的)。霍布斯对这段文字提出了反驳,在回应霍布斯的反驳时,笛卡尔对自己的意图做了说明(在这个过程中,他似乎修改了他的构想),他说"我用'观念'这个词来指代心灵所能直接感知的任何东西。例如,当我想要某物或害怕某物时,我同时感觉到自己想要或害怕;这就是我把意愿和恐惧也看成观念的原因"(CSM II, 127)。观念的后一种用法本质上是"思想"的对象,这一用法似乎跟它的一般用法一致。例如,他在《谈谈方法》中提到"上帝在自然界中确立的某些法则,以及上帝印记在我们心灵中的观念"(CSM I, 131)。相似地,在《哲学原理》(第一部分,第 13 条)中,"数字和形状的观念",以及"诸如相等的数字再加上相等数字,结果还相等"之类的概念,没有根本的区别(CSM I 197)。"观念"这个术语的后一种用法,指的是可以"构想的"(conceive),而不仅仅是可以"想象的"(imagine)东西,这种用法延续到了《波尔-罗雅尔逻辑》中。在这个意义上说,各种各样的概念,甚至命题都是观念。这种用法很普遍。拉米(同上,第 7 页)把观念看作是"我们知觉的对象",并断言"除了由触碰我们的身体的物体所引发的观念外,在我们的本性深处还有其他观念,这些观念并不是通过感官进入我们的心灵的——例如,那些表达如下原初真理的观念:您必须把本来属于别人的东西归还给人家;某个东西不可能在同一时间内既存在又不存在,等等。"拉米

基础上。一个概念的内涵是定义这一概念的基本属性,以及可从这些属性推出的东西;外延是这一概念指代的对象:

> 一个概念的内涵是构成这个概念的组成部分,删除任何一个,都会影响这一概念的完整性。例如,三角形的概念由以下几个概念构成:它有三个边,有三个角,所有角的和等于两个直角等等。
>
> 概念的外延是,语词所表达的概念能够适用的客体。隶属于概念外延的客体被称为概念的下位形式,概念对于客体而言被称为上位形式。因此,三角形这一概念的外延是,各种类型的三角形(第51页;PRL,第39-40页)。

利用这些概念,我们可以把"解释性的关系从句",如"Paris, which is the largest city in Europe" 和"man, who is mortal" 跟"限定性的关系从句",如"transparent bodies, wise men 或 a body which is transparent, men who are pious" 区分开(第59-60页,第118页,PRL第44-45页,第89页)。

坦诚这些观点并不是他原创的。一般而言,在《波尔-罗雅尔语法》和《波尔-罗雅尔逻辑》中,讨论简单命题和复合命题时,用的就是"观念"的这一用法,因为命题被描述为通过观念组合而形成的,复合观念被描述为由基础的子命题构成的。在这个意义上说,"观念"是心智过程理论的一个理论术语。观念的内涵(即它的意义)是语义解释中的基本概念,由于语言的深层结构被看作是心理过程的直接反映,因此它还是对思想分析中的基本概念。

进一步的讨论,参见维奇(J. Veitch):《来自笛卡尔原则的方法、沉思和选择》(*The Method, Meditations, and Selections from the Principles of Descartes*, Edinburgh: Blackwood and Sons, 1880), note II, pp. 276-285.

如果复合表达式符合下面的要求,那么它就是解释性的:
(1)复合表达式所表达的概念,已经包含在复合表达式的主要语词所表达概念的内涵之中,或者(2)复合表达式所表达的概念,是其主要语词所表达概念的全部下位形式的、某种附属特征的概念(第 59-60 页;PRL,第 45 页)。

如果复合表达式符合下面的要求,它就是限定性的:复合表达式所表达概念的外延小于主要语词所表达概念的外延(第 60 页;PRL,第 45 页)。

在解释性关系从句中,当关系代词由其先行词替代时,基础的深层结构实际上就暗含了这个从句所表达的判断。例如,句子"men, who were created to know and love God..."就暗含,人天生就知道上帝,并爱着上帝。因此,一个解释性的关系从句有连词的基本属性。但在限制性关系从句中(它表达一种限定),显然并非如此。说"men who are pious are charitable"时,我们并没有肯定人是虔诚的,也没有肯定人是慈善的。陈述这一命题时,

我们将两个简单的概念——人的概念和虔诚的概念——结合在一起,构成一个复合概念。同时,做出判断认为,慈善的属性是这个复合概念的一部分。因此,从句所断定的只是虔诚的概念与人的概念并不冲突。做出这个判断后,我们再考虑虔诚的人这一复合概念可以断言什么(第 119 页;PRL,第 89-90 页)。

与此类似,请思考以下表达:"The doctrine which identifies the sovereign good with the sensual pleasure of the body, which was taught by Epicurus, is unworthy of a philosopher"。它包含一个主词"the doctrine which...taught by Epicurus"和一个谓词"unworthy of a philosopher"。[①] 主词是个复合表达,包括限定性关系从句"which identifies the sovereign good with the sensual pleasure of the body"和解释性关系从句"which was taught by Epicurus"。后一关系代词的先行语是复合表达式"the doctrine which identifies the sovereign good with the sensual pleasure of the body"。因此,从句"which was taught by Epicurus"是解释性的,原句确实暗含着一个论断,即相关学说是伊壁鸠鲁教的。但是,我们并不能用先行语"the doctrine"代替限定从句中的关系代词,以构成整个句子所暗含的论断。包含限定性关系从句和它先行语的复合短语表达了一个复合概念。这一复合概念由两个概念构成:一个概念是"学说",另一个是"把至善等同于肉体的快感"。根据波尔-罗雅尔理论,所有这些信息都必定表征在原句的深层结构中,解读这个句子的意义时,必须利用这一信息,按照刚刚所说的方式进行(第119-

---

[①] 在法语原版中,所引的文字是:"La doctrine qui met le souverain bien dans la volupté du corps, laquelle a été enseignée par Epicure, est indigne d'un Philosophe."在其他地方,我参考的是迪克夫-詹姆斯的译文,他把这句话翻译为:"The doctrine which identifies the sovereign good with the sensual pleasure of the body and which was taught by Epicurus is unworthy of a philosopher."在这个译文中,解释性从句"which was taught by Epicurus"自然会被看作是跟第一个限定性从句"which identifies..."相并列的限定性从句。[在 Arnauld and Nicole 1996 中,这个句子被译为:"The doctrine that places the highest good in bodily pleasure, which was taught by Epicurus, is unworthy of a philosopher"(90)。]

120 页，PRL，第 90 页）。

根据波尔-罗雅尔的理论，限定性关系从句建立在命题之上，甚至在关系从句用于复合表达式中时，关系从句所依赖的命题未被证实，仍然是如此。如前所述，在 "men who are pious" 这样的表达式中，能够证实的内容仅仅是，其构成概念之间是相容的。因此，在表达式 "minds which are square are more solid than those which are roun" 中，我们可以说，在某种意义上，关系从句是 "错误的"，这是因为 "the idea of being square" 跟 "the idea of mind understood as the principle of thought" 不相容（第 124 页，PRL，第 93 页）。

因此，包含解释性关系从句和限定性关系从句的句子建立在命题系统之上（命题就是构成句子意义的抽象客体）。① 但是，它们相互关联的方式并不相同。在解释性关系从句中，深层的判断已得到证实；在限定性关系从句中，用先行语替代关系代词所构成的命题并未得到证实，而是跟这个名词一起构成复合概念。

本质上，这些观察无疑是正确的。任何句法理论，只要想尝试把 "深层结构" 的概念变得更精确，就必须考虑这些观察；只要想尝试表达和探索将深层结构与表层组织关联起来的原则，就必须考虑这些观察。简而言之，任何转换生成语法理论都要以某种方式考虑这些观察。生成语法理论关注的就是确定深层结构的规则、把深层结构和表层结构联系起来的规则，以及分别适用于深层结构和表

---

① 顺便说一句，请注意，借助《波尔-罗雅尔语法》所倡导的语法转换，形容词-名词这样的表层结构可从任何一种关系从句推导出来。这可以从其所给的例句中看出。歧义句更清晰地说明这一点，如耶斯佩森所列举的例子 "The industrious Japanese will conquer in the long run"（《语法哲学》，第 112 页）。

层结构的语义解读和音系解读规则。换句话说，生成语法在很大程度上是对所隐含的概念的阐述和形式化，其部分内容在前面的段落中已经得到表述。在我看来，转换生成语法理论（如本书所发展的理论）在很多方面本质上都可被看作是波尔-罗雅尔理论的更明晰的现代版。

在波尔-罗雅尔理论中，表层形式中出现的关系代词并不总是有代替名词和连接命题这两种功能。可能是"代名词属性被削弱了"，因此只有后一功能。例如，我们发现，在句子"I suppose that you will be wise"和"I tell you that you are wrong"的深层结构中，"these proposition"，"you will be wise"，"you are wrong"等命题只构成了整个命题"I suppose..."和"I tell you..."的部分内容（《语法》，第 73 页；PRG，第 104-105 页）。[①]

《语法》继续论述道，不定式结构在动词系统中发挥的作用，跟关系从句在名词系统中发挥的作用相同："不定式是动词的语气（mood）的一种，这就如关系词是代词的一种"，它通过嵌入整个命题，为拓展动词系统提供一种手段（第 111-112 页；PRG，第 139 页）。如同关系代词，"不定式除了具有动词的断言功能外，还起着把它所在的命题跟另一个命题联结起来的作用"（第 112 页；PRG，

[①] 请注意，在这类例子中，并非每个构成深层结构的基本抽象客体，都可以构成一个可能的句子；例如，"je vous dis"就不是句子。用现在的术语说，并非底层基础（短语结构）规则所生成的每个条目，都可以构成一个核心句。同样，在过去十年或更长的时间里，转换生成语法的工作都默认，应用某种嵌入规则（如英语的动-补结构）时，短语结构规则能引入"虚拟符号"，这些符号会表征为语素串。包含这些虚拟符号的基本语素符串不会构成核心句。对于这段时间各种相关思想的研究，《句法理论面面观》的第三章做了总结和讨论。[另请参见第 154 页注释 ① 中方括号内的讨论和其中的参考文献。]

第 139 页）。因此，"scio malum esse fugiendum"的意义是通过深层结构传达的，这一深层结构建立在句子"scio"和句子"malum est fugiendum"所表达的两个命题上。（用现代的术语来说）构成句子表层结构的转换规则用"esse"替换了"est"，这就如对基础的命题系统进行各种替换、重组和删除操作，进而构成句子"Dieu（qui est）invisible a créé le monde（qui est）visible"一样。基于此，"可以得到一个事实：法语的不定式几乎总是由动词的直陈式和小品词'que'构成：'Je sais que le mal est à fuir'"（第 112 页；PRG，第 140 页）。在这一例子中，拉丁语和法语具有相同的深层结构。不过，由于这两种语言使用了略微不同的转换操作，所以就有了不同的表层形式。结果，拉丁语和法语具有相同的深层结构这一事实就不容易被觉察到了。

《语法》继续指出，间接话语也可以用类似的方式分析。[①] 如果潜在的嵌套命题是疑问句，那么转换规则引入的小品词将是"if"，而不是"that"，比如在"They asked me if I could do that"中，转述的话语是"Can you do that?"，此时，转换规则引入的小品词就是"if"。实际上，有时都不必添加任何小品词，改变一下人称就足够了。例如"He asked me: Who are you?"这句话。它转换后的形式是"He asked me who I was"（第 113 页；PRG，第 140–141 页）。

---

① 对这些结构，耶斯佩森（同上）做了不同的分析。他认为，这些句子是在关系从句的基础上，通过删除先行语得到的。因此，"L'état présent des Juifs prouve que notre religion est divine"，"Ich glaube dass ich liebe"和"I think（that）I love"这三个句子分别是在"L'état présent des Juifs prouve une vérité qui est, notre religion est divine,""Ich glaube ein Ding dass ist, ich liebe,"和"I think a thing that is, I love"这三个关系从句的基础上生成的（第 405 页）。

概括总结一下波尔-罗雅尔理论的主要内容：一个句子具有内在的心智层面（传达意义的深层结构）和作为语音序列存在的外在的物理层面。借助形式化的标记或语词的实际排列，把句子的表层分解为短语，并不能揭示深层结构中的各种重要关系。不过，具体话语被说出时，其深层结构会表征在我们的心灵中。深层结构由以不同方式组织起来的命题系统构成。构成深层结构的基本命题为主谓形式：具有简单的主词和谓词（即语类，而不是更加复杂的短语）。这些基本命题大多可以独立地成句。一般而言，当深层结构所构成的句子被说出时，构成深层结构的基本判断并非总是能得到肯定。例如，解释性关系从句和限定性关系从句在这方面就不尽相同。深层结构传达我们的思想，不过，必须应用一些转换规则重新排列、替换或删除句子的词汇，这样才能得到实际的句子。其中有些规则是强制性的，更多的是可选的。因此，"God, who is invisible, created the world, which is visible"这句话跟它的释义句"Invisible God created the visible world"的差异就在于可选性的删除操作。然而，用关系代词替代名词，然后前置代词，这一转化规则是强制性的。

这一解释仅能涵盖完全依赖判断的句子。这些句子虽然是思维的主要形式，但没有穷尽"我们心灵的所有操作"。在我们的思维形式中，还要加入连接、分离、其他类似的操作，以及类似的精神活动，如愿望、命令、疑问等（第29页，PRG，第67页）。这些"思维形式"部分是用特殊的小品词，如"and"、"not"、"or"、"if"、"therefore"等来表达的。但就这些句型而言，它们具有相同深层结构的事实也会被掩盖，因为生成跟所表达意义相对应的实际句子时，我们会使用不同的转换手段。一个典型的例子就是疑问。在拉丁语中，疑问小品词 ne "在心灵之外并没有对应的客体，它只是精神活动的一个标记，借助这个标记，可以表示我们希望了解一件事"（第 138 页；PRG，第 168 页）。至于疑问代词，"它只不过是加入了小品词'ne'所含意义的代词；也就是说，除了像代词那样起替代名词的作用外，它还表示我们希望了解某事物，要求得到相关信息，并为这种精神活动提供进一步的标记"（第 138 页；PRG，第 168 页）。这种精神活动除了可以通过添加小品词标示外，还可以通过其他方式来标示。例如，可以通过语调变化或词序颠倒来实现。法语就是一个例子。在法语中，代词性主语被"移到"动词的人称标记之后的位置（并保留底层形式的一致标记）。这些都是实现同一深层结构的手段（第 138-139 页；PRG，第 168-169 页）。

注意：波尔-罗雅尔的语言学研究所提出的深层结构和表层结构理论暗含着递归操作，因此，它可以让有限的手段无限地使用。这一点是任何充分的语言理论都必须做到的。而且，我们还看到，在所给的例子中，递归手段能够满足某些形式化的标准，尽管这些标准并没有先天的必然性。谈论关系句和不定式时，涉及到了一些例子，这些例子有的不太重要（如连接、分离等），有的则很有意思。在这些例子中，拓展深层结构的唯一手段是添加一个完整的命题，即添加一个基本的主谓形式的命题。删除、重组等转换规则在生成新结构时并不起作用。当然，波尔-罗雅尔语法学家在多大程度上意识到他们理论的这些特性，或者对这些特性感兴趣，还尚无定论。

借助当今的术语，我们可以对这种观点做形式化表述。我们可以用两套规则系统来描述一个语言的句法，这两套规则系统分别是：生成深层结构的基础系统和把这些深层结构映射到表层结构的转换系统。基础系统由生成基础语法关系的规则组成，它们具有抽象次序（短语-结构语法的重写规则）；转换系统包括删除、重新排列、附加规则等等。基本规则允许引入新的命题（即存在如下形式的重写规则：A → ... S ...，其中 S 是短语-结构语法中构成基础的起始符号）；没有其他递归手段。当深层结构以这种方式表征时（即当深层结构用恰当的标记系统表征对应的"心智行为"时），有些转换规则就可以构成疑问句、祈使句等。①

显然，是波尔-罗雅尔语法首次以相当清晰的方式提出了短语结构的概念。②因此，注意到下面这一点就很有意思：波尔-罗雅尔语法非常明确地说用短语结构描述句法结构的表征存在不足，同时，它还蕴含着一种转换语法，这种语法在很多方面与当今被广泛研究的转换生成语法非常接近。

如果我们从语法结构的一般概念转向具体的语法分析，就会发现，《波尔-罗雅尔语法》多处尝试提出深层结构和表层结构的理论。《波尔-罗雅尔语法》主张，副词的出现多数源于"人们希望把话语说得简短"，因此，副词被认为是介词-名词结构的省略形式。例如，"wisely"被认为是"with wisdom"的省略形式，"today"被认为是"on this day"的省略形式（第 88 页；PRG，第 121 页）。与

---

① 进一步的讨论，参见乔姆斯基的《句法理论面面观》。值得一提的是，过去几年，随着新证据和新见解的增加，转换生成语法理论在许多方面越来越接近于波尔-罗雅尔理论所暗含的观点，这一观点也再次成为集中研究的对象。

② 萨林在《凯撒·谢诺》(César Chesneau) 第 97 页及其以下回顾了早期的一些概念。后来，有很多作者经常宣称（且不管他们信不信），句子可被简单地看作是一连串的语词或语类，它们并没有内在的结构。

此类似，动词隐含着一个表达断言的基础系词，因此，它的出现源于人们缩短思想表达形式的愿望。动词的"主要功用[①]是意指断言，也就是说，它意指在使用动词的话语中，人们不仅在想象某个事物，而且会做出评判和断言"（第90页；PRG，第122页）。使用动词就是一种断言行为，这跟"affirmans"和"affirmation"等名词不同，这些名词仅仅意指断言，"它们是思想的对象"。因此，"Petrus vivit"这句拉丁语的意思是"皮特还活着"（第90页；PRG，第123页），在句子"Petrus affirmat"中，"'affirmat'跟'est affirmans'"的意思是一样的（第98页；PRG，第128页）。因此，句子"Affirmo"（其中，主语、系词和表语都被缩略在一个词中）表达了两个肯定断言：一个与在做肯定断言的说话者的行为有关，另一个与他肯定的对象（这个例子中，指的是他自己）有关。与此类似，"动词'nego'……包含一个肯定和一个否定"（第98页；PRG，第128页）。[②]

在上述框架下解释这些观察时，波尔-罗雅尔语法学家认为，诸如"Peter lives"或"God loves mankind"之类的句子都有一个深层结构（《逻辑》，第108页；PRL，第83页），这一深层结构包含一个表达断言的系词和一个表达命题主词的谓词（living、loving、mankind）。动词构成谓词的一个次语类；借助转换操作，它们跟系

---

① 请注意，这被看作是动词的主要作用，而不是唯一作用。动词也被用来"意指我们心灵的其他活动，如期望、要求和命令等"（第90页）。第十五章再次讨论了这些问题，这一章还简短讨论了这些心智状态和心智过程在不同语言中实现的语法手段。参见上面的第79页。

② 《语法》继续说道，早期的一些语法学家设想，动词必定表示行为、强烈的情感或正在发生的事情，这种设想是错误的。它还提出了一些反例，如以下动词"existit"、"quiescit"、"friget"、"alget"、"petet"、"calet"、"albet"、"viret"和"claret"（94页）。

词结合在一起,并形成为一个词。

对动词的这种分析在《逻辑》中得到了发展。《逻辑》认为(第117页),尽管有表面的差异,由及物动词和其宾语构成的句子都"表达一个复合命题,而且在某种意义上,都表达两个命题",因此,我们可以通过说 Brutus 没有杀人,或说 Brutus 杀的人并不是暴君来反驳"Brutus killed a tyrant"这一句子。鉴于此,这个句子表达的命题就是 Brutus 杀了一个人,这个人是一个暴君。深层结构必须反映这一事实。按照《逻辑》的观点,如果宾语是单数形式,如"Brutus killed Caesar",这一分析同样适用。

这一分析后来在《逻辑》所提出的推理理论中发挥着一定的作用。在《逻辑》中,它被用来发展关系理论,因为它可以将三段论拓展到三段论本来不能适用的论证中。《逻辑》还指出(第206-207页;PRL,第159-160页),从"神圣的法律命令我们尊重国王"和"路易十四是国王"这两个命题推出"神圣的法律命令我们尊重路易十四"明显是合法的,虽然表面上,它没有显示任何合法的格。[①]如果把"国王"看作"原句所蕴含的一个句子的主语",然而再运用被动转化,同时把原句分解成其基础的介词成分,那么最终我们就可以把中项还原为三段论的第一格。

出于同样的目的,《逻辑》的其他部分也把句子还原为它的深层结构。例如,阿尔诺说道(第208页;PRL,第160页),虽然句子"there are few pastors nowadays ready to give their lives for their

---

[①] 前面提到(第117页),"为了把中项置于最自然的位置,同时也是为了清晰地表述需要证实的东西,经常有必要把主动语态变为被动语态"。

sheep"的表层形式是肯定的,实际上,它却包含一个否定句"Many pastors nowadays are not ready to give their lives for their sheep。"总体来看,他在反复指出一个事实,即"表面上的"肯定句,其意义,亦即深层结构,并不一定是肯定;同样,"表面上的"否定句,其意义并不一定是否定。简而言之,句子真正的"逻辑式"跟它的表层语法结构可能完全不同。[1]

---

[1] 把这一深邃见解归功于20世纪的英国哲学,认为这是它"最重要的、最根本的发现",这并不公平(参见弗洛(Flew):《逻辑和语言导论》(*Introduction to Logic and Language*, First series, Oxford: Blackwell, 1952),第7页;或者维特根斯坦:《逻辑哲学论》(*Tractatus Logico-Philosophicus*, 1922), 4.0031。在这部著作中,维特根斯坦把此归功于罗素)。"语法上的异同在逻辑上可能会具有误导性"(弗洛,第8页),这一观点也并不像弗卢所说的那样,是什么标新立异的见解。参见后面的第91页。

卡尔语言学的基本设想是,在确定句子语义时,语法关系起到一定作用,而句子的表层结构可能无法完整地、准确地表征语法关系。我们已经指出,根据语法理论,实际句子是从"深层"结构推导出来的,而语法关系就表征在深层结构中。用现代的技术术语来说,或者从笛卡尔语言学所建议的相关意义上来说,"逻辑式"在多大程度上是由句法界定的深层结构来表征的,这是一个更深层次的问题,在很多方面,也都是开放性的问题。相关讨论,见《语言哲学》(*The Philosophy of Language*, New York: Harper & Row, 1966)。

[在1965年出版《句法理论面面观》中,乔姆斯基指出,"语义解释"是在深层结构进行的。不久之后,他就放弃了这个观点,转而支持他在《句法理论的逻辑结构》(乔姆斯基1975b)和《句法结构》中所采纳观点的升级版,即认为语义解释发生在推导式的"输出"层面。在此层面,"概念—意向"系统对句法推导生成的结构(参见《句法结构》)进行各种操作。到了20世纪70年代,推导式的输出层面被称为LF(逻辑形式);后来,到了20世纪90年代后期,它被称为SEM(语义接口)。深层结构不再被看作是语义解读的层面,而是被看作指派基本的题元关系的层面。深层结构一直保留到20世纪90年代初期。但是,到了"最简方案"阶段,它就被放弃了。越来越多的语言结构被认为是基本操作的"附带现象",这些结构原来都认为是不可再分的。最近(2001年),甚至LF这一推导层面也被放弃了,而SEM只表示句法跟其他心智/内部系统之间的一个"接口"。相关文献,请参阅《句法结构》和乔姆斯基1975b, 1965, 1975a, 1975b, 1980, 1986, 1992, 1995c, 2000, 2001, 2005, 2007。不过,这些文献通常技术性比较强。

很可能,乔姆斯基在20世纪50年代末和60年代初阅读笛卡尔语言学家的著作时,

深层结构和表层结构

这一时期反复强调不同语言中不同的表层形式具有相同的深层结构,与此同时,还在强调一个与此相关的问题:话语成分之间的重要语义关系是如何表达的。《波尔-罗雅尔语法》第六章认为,可以像在希腊语中那样,用格系统来表达这些关系,或者像在希伯来语的附属形中那样,用内部修饰来表达这些关系,或者像本地方言中那样,用小品词来表达这些关系,亦或者只用固定的语序来表达这些关系,[①] 就像法语中的主语-动词关系和动词-宾语关系。这些都被认为是潜在结构的外在表现,这些潜在结构在所有语言中都是一样的,它反映了思想结构。同样,拉米在其修辞中也谈到,"在心灵之中,对事物的思考会产生一些观念,所有这些观念之间的关系、它们之间的影响和相互关联"在不同语言是借用不同的手段来表达的(《说话的艺术》,第 10-11 页)。百科全书编撰者杜·马塞也强调,用格系统所表达的话语成分之间的关系,在其他语言中是用词序或特定的小品词来表达的;他还指出,移位的自由度和屈折变化的丰富程度存在关联。[②]

请注意,这里的假设是,任何语言都存在一套统一的关系,它们对应于所要表达的思想,同时,还允许单词插入。哲学语法学家

受到了这些学者的影响,结果就(暂时)认可了卡茨和波斯塔尔的提议,即语义解读发生在深层结构,而不是某个"输出"层面。有关这些著作对乔姆斯基影响的评论,参见《语言学理论的当前问题》和《句法理论面面观》,特别是后者。]

① 通常,被称作"自然语序"。见前面的第 75-76 页。

② 杜·马塞死后,他语言方面很多著作,不管是出版的,还是未出版,都被收录在《逻辑与语法原则》(*Logique et Principes de Grammaire*),并于 1769 年印刷出版了。这里的页码指的就是这卷著作的页码。语序自由度跟屈折变化具有相关性,这是一点许多学者都注意到了。例如,亚当·斯密在他的著作《论语言的最初形成》(*Considerations Concerning the First Formation of Languages*)中就指出了这一点。

并不会尝试说明所有语言都有格系统,也不会尝试表明所有语言都使用屈折变化来表示这些关系。相反,他们反复强调,格系统是仅仅表达这些关系的一个手段。他们偶尔也会指出,作为一种教学手段,这些关系还可以用不同的格来命名;他们也指出,为了简便,有时即便格没有外形的差异,也会做进一步区分。实际上,法语没有格系统,这在最早的语法中都提到了。(参见萨林,第212页。)

没有屈折变化的语言,也使用传统的格,这只是表明学者坚信语法关系的一致性,坚信深层结构在不同语言是相同的,尽管深层结构的表达方式不同。认知到这一点比较重要。这种说法并不一定正确——换言之,它是一个重要的假设。然而,依我看,现代语言学家并没有拿出事实来认真地反驳这一设想。[1]

---

[1] 布隆菲尔德(还有其他一些人)批评前现代语言学,认为它必须按照"拉丁文语法的范式来描写语言",这掩盖了自然语言之间的结构差异(《语言论》,第8页),他认为前现代语言学的这一做法已经证明是不可行的。必须注意,他在书中并没有列出证据来证明哲学语法严格遵循了拉丁语的范式,也没有列出证据来说明哲学语法的具体设想——即潜在语法关系是相同的——在当代受到了质疑。

应该指出的是,总的来说,布隆菲尔德对前现代语言学的描述是不可靠的。他对历史的概述包括一些随意的言论。他声称,这些言论总结了"十八世纪的学者对语言的认识"。这些言论并非总是准确的(譬如他的以下惊人言论:十九世纪之前,语言学家"没有观察到语音,并把语音跟字母的书面符号混为一谈"。还有,普通语法的撰写者认为拉丁语无出其右,因为它是体现逻辑的"通用标准");有些地方其描述是准确的,然而,这些地方也几乎没有说明这段时期语言研究的特征。

这段时期语音分析的方式值得单独讨论。我这里没有讨论这一话题,没有特别的理由。这里讨论的大多数著作,以及其他著作,都有对语音的讨论。很明显,亚里士多德的格言——"口语是心灵经验的符号,书面语是口语的符号"(《解释篇》,1)——大家也是认可的。当代有些文献提到了这一时期的语言学。例如,M. 格拉蒙用下面的话对科迪莫(同上)的语音学做了评论"……其中一些法语音素的发音,描述得无比清晰、准确"[《论语音学》(*Traité de phonétique*, Paris: Librairie Delagrave, 1933), 4th edn. 1950, p. 13n]。他继续说道:"这里的描写指的是,莫里哀逐词对《布尔乔瓦绅士二世》

以上谈到,波尔-罗雅尔语法理论认为,准确地说,大部分副词都不是深层结构中的语类,它们的功能仅仅是"用一个单词来指派介词和名词所指派的内容"(第88页,PRG 121)。后来的语法学家干脆把修饰语"大部分"给去掉了。因此,杜·马塞认为,副词和其他词的区别在于,副词的真值就等于介词和名词,或者是等于介词和其补语:它们都是缩略词(660页)。不过,这并不能概括全部的副词。他还继续用这种方式分析了大量的词汇条目——用我们的话说,大量的词都是从一种深层的结构形式派生出来的,这种形式是:介词-补语。博泽进一步拓展了这种分析。[1] 他还附带地认为,虽然"副词短语",如 with wisdom,跟对应的副词"wisely"在含义上(signification)没有差异,但是,但它们的附带意义略有不同:"当我们要区分动词和惯性行为时,用副词来修饰惯性行为更合适,用副词短语来修饰动词更好;因此,我会说,'A man who conducts himself wisely cannot promise that all his actions will be performed with wisdom'"(第342页)。[2] 作为一个具体例证,这一区别表明

第二幕第六场(1670)所做的转写"。[从20世纪50年代后期到20世纪60年代初期这段时间,乔姆斯基和他的同事莫里斯·哈利,发展了他的语音观和音系观;参见乔姆斯基和哈勒1968。如同他的"意义"(逻辑式或语义表征)观,乔姆斯基的语音观主张,语音存在于"大脑中"。这方面的内容,参见看乔姆斯基2000。这是个作品集,里面收录了他最近关于语言和思维方面的著作。]

[1] 《普遍语法》(Grammaire générale),第340页及以下。边沁提出了类似的分析(Works, p. 356)。

[2] 《波尔-罗雅尔逻辑》的第十四章区分了语言形式所"表达的主要思想"和依附于语言形式的"附属思想"。主要思想是"词汇定义"所陈述的内容,而词汇定义则尝试精确地阐释"用法的真相"。不过,它并不能"反映所定义词汇在大脑留下的全部印象",因此,"通常,一个单词在我们心灵中除了唤醒它的主要思想,即单词的固有意义,还可以唤醒其他的思想——我们将这些思想称为附属思想。尽管我们并没有明确地去关

"所有语言都不喜欢绝对同义词,因为这类同义词只会为一个习语提供另外一种读音,而且这一读音的出现并不利于准确、清晰地表达意义。"

更早的语言学家还提供了其他一些用深层结构进行分析的例子。例如,祈使句和疑问句被认为是省略掉潜在表达式中的"I order you…"、"I request…"等补充性成分后得来的。这种分析就用到了深层结构。① 因此,"Come see me"的深层结构就是"I order/beg you to come see me";"who found it?"的意义就是"I ask who found it?"等等。

另一个可引用的例子是,一些表达和它们所连接的成分明显

注意这些思想,但是我们却收到了它们的印象"(第90页)。例如,"you lie"这句话的主要意义是,你所说内容的对立面才是真的。"但除了这个主要含义外,这些词还传达了轻蔑和愤怒的意思,这表明说话者会毫不犹豫地伤害你——因此,他的话不但具有攻击性,而且具有中伤性。"同样,维吉尔的"死真是可悲的事情吗?(Usque adeone mori miserum est?)"这句话的主要意思是,"死亡并不是非常不幸的事(Non est usque adeo mori miserum),但原句的意思"不仅仅是死并不是一件非常糟糕的事情,它也暗示着一个人敢于挑战死亡,面对死亡毫无畏惧的意思"(第91—92页)。如刚刚谈论的例子,辅助思想可能"永久地依附在词上",它可能借助手势或语调依附在特定的话语中(第90页)。换言之,这种依附可能是语言(langue)问题,也可能是言语(parole)问题。

这种区别很像认知意义和情感意义的区别。某些语法过程是如何改变我们所要表达的附属思想,但又不改变所要表达的主要思想的,这跟我们当今研究的议题也有关(第91页);因此,说某人无知或奸诈,跟说他是愚昧的和不诚实的不同,因为形容词形式除了表示这个人具有特定缺点外,还带有轻蔑的意思,而名词形式则仅仅表示这个具有特定的不足,没有轻蔑的意思。"

① 布费尔(C. Buffier):《新法语语法》(*Grammaire françoise sur un plan nouveau*, 1709)。萨林的《凯撒·谢诺》(*César Chesneau*)第121—122页引用了这部作品。不过,因为他认为表层结构才是真正需要研究的对象,所以对深层结构他是不屑的。这种态度在当代比较典型。参见卡茨和波斯塔尔:《一个融贯的语言描述理论》(*An Integrated Theory of Linguistic Descriptions*),§ § 4.2.3, 4.2.4。在这部著作中,卡茨和波斯塔尔提出了类似的观点,并为之做了辩护。

是从潜在的句子转换派生出来的。博泽(同上:399)讨论连词时，给出了一些更有趣的例子。譬如，他认为，"how"[manner]的潜在形式，是由"manner"[manière]和一个关系从句构成的，因此句子"I know how it happened"的意思就是"I know the manner in which it happened"；他对"the house which I acquired"的分析也遵循了同样的思路。这就可以揭示深层结构所包含的基本命题和次要命题。

有意思的是，沿着这些思路，杜·马塞在他的结构和句法理论中进一步发展这一思想。① 他提出，"结构"适用于"话语中的语词排列"，"句法"适用于"语词之间的关系"。例如，"accepi litteras tuas"、"tuas accepi litteras"和"litteras accepi tuas"这三个句子具有三种不同的结构，但是它们具有相同的句法；在这些句子中，成分之间的关系是相同的。"因此，这三种排列方式在心灵中产生的意思是相同的，即'我已经收到了你的来信'。"接着，他为"句法"做了如下定义："句法在每种语言中的作用就是，对于了解这种语言的人，语词能产生所以希望表达的意义……它是部分语法，这些语法能提供一种语言所固定下来的符号知识，从而让人们可以理解"(第229-231页)。因此，本质上，一个表达式的句法就是我们所说的深层结构；它的结构就是我们所说的表层结构。②

---

① "论语法构造"(De la construction grammaticale)，见《语法的逻辑和原则》(Logique et Principes de Grammaire)第229页。

② 但是，拉丁语示例提出了许多问题。关于在当前语境下对"自由语序"现象的评论，参见乔姆斯基的《句法理论面面观》，第二章，第4.4节。[对于研究普遍语法的语言学家来说，不同语言的"格标记"现象是一个特别有趣的问题，见乔姆斯基，1986，1995b和其参考文献。]

做这种区分所做遵循的一般框架是：心灵行为是一个单位。对于孩子来说，糖是甜的这种"想法"[sentiment]，最初是未经分析的、单一经验（第181页）；对于成人来说，句子"糖是甜的"的意义（换言之，这句话所表示的思想）也是单一的实体。语言为分析这些对象提供了必不可少的手段，没有这些手段就无法区分这些对象。

可以说，它为我们的思想提供了一件外衣，从而使得我们能够理解、切分并分析这些思想。简而言之，能够更加准确、详细地向他人传递我们的思想。

因此，可以说，每一个特定的思想都是一个整体。发音器官所发出的不同声音可以构成单词，借助它们，语言使用者可以对思想进行切分、分析并肢解为不同的组成部分（第184页）。

同样，言语的感知是，从一系列的语词中去寻找那个所要表达的、统一的、浑然一体的思想。"[这些词]组合在一起，会在读到或听到它们的人的心灵中产生我们想要表达的总体意义或思想"（第185页）。要弄清楚这一思想到底是什么，我们的大脑就必须首先厘清句子中各个词之间的关系，即弄明白它的句法；有了对深层结构的充分描述，它就必然能确定其意义。大脑所用的分析方法就是，把相互关联的单词结合起来，从而建立一种"有意义的语序"[ordre significatif]，其中，相关的成分是连续出现的。实际的句子可能本身跟这种"有意义的语序"相一致，在这种情况下，它被称为"简单结构（这种结构是自然的，必须的，有意义的，断言性的）"（第232页）。如果实际的句子跟这语序不一致，那么就必须通过

深层结构和表层结构

某种分析程序来重构这种"有意义的语序"——"大脑必须重建这种语序,因为借助这种语序,大脑才能理解意义[sens]"(第191-192页)。例如,要理解一个拉丁文的句子,就必须重建说话者心灵中的"自然语序"(第196页)。你不仅必须理解每个单词的含义,而且,

> 还要在心灵中把这些词按照它们之间的关系组织在一起,只有这样你才能理解句子的意义。要做到这一点,就必须听完整句话(第198-199页)。

例如,在拉丁语中,"是相对的词尾变化,让我们按照语词之间相互关系的次序来考虑完整命题中的语词的,因此,也是按照简单、必要、有意义的结构的次序来考虑完整命题中的语词的"(第241-242页)。这种"简单结构"是"一种次序,它向来是有标记的,然而,如果一种语言的名词有格的话,那么在这种语言的普通结构中就很少观察得到这种次序"(第251页)。因此,要想理解话语,还原为"简单结构"是必不可少的第一步:

> 一些语词构成了一个整体,这个整体包含组成部分。对这些组成部分之间关系的简单理解只有通过简单结构才能获得,洞察这些关系,我们就可以想象出整体。按照语词之间关系的顺序来呈现语词,最适于这些关系的识别,也最适于整体思想的展现(第287-288页)。

我们之所以能够理解"简单结构"之外的结构,即"象征性结构"(constructions figurées)

> 这是因为有一些辅助的思想,这些思想会令我们以为,我们所看到和听到的东西的意义,是按照简单结构的语序来表达的。借助这些思想,我们的大脑能够把那些不规则的结构纠正过来……(第 292 页)

简而言之,在"简单结构"中,"句法"关系是由词串的各种结合直接表征的,而句子所表达的浑然一体的思想,是直接从这种潜在表征派生出来的。在所有语言中,这种潜在表征都是一致的(通常,它跟法语的常见语序相对应——请参阅第 193 页)。

生成"象征性结构"的转换操作会导致成分重新排序和省略。"所有语法的基本原则"(第 218 页)是,如果一个结构涉及到重新排序和省略,那么听话者必须能够把这一结构还原成原来的样子(参见第 202、210ff 页,277);也就是说,只有当能够以唯一的方式还原为"简单结构"的"严格、抽象的语序"时,才可以应用这些规则。①

---

① 从上下文,并不能清楚地看出这些转换条件属于语言(langue)问题还是言语(parole)问题,它们是关于语法的条件,还是关于语法运用的条件;也不清楚,在杜·马塞所接受的框架内,这一问题是否可以合理地提出。

把杜·马塞对句子解读的解释跟卡茨、福多和波斯塔尔最近提出的句子解读理论相比较,我们定会有所收获。参见卡茨和波斯塔尔(同上)和其引用的文献。[乔姆斯基第 154 页的注释 ① 中,方括号内有补充性的注解,这里面的文献,也可以参阅。]

有很多转化为简单结构的例子被用来说明这一理论。① 例如，"Who said it?"转化为简单结构就是"The one who said it is which person?"（萨林，第 93 页）；句子"Being loved as much as lovers, you are not forced to shed tears"转化为简单结构就是"Since you are loved as much as you are lovers, ..."；句子"Being loved as much as lovers, you are not forced to shed tears"明显可以转化为四个基本命题：两个肯定的命题，两个否定的命题（第 109 页），等等。

对于深层结构与表层结构的差异，杜·马塞（第 179-180 页）在分析诸如"I have an idea/fear/doubt"之类的表达时，提供了另一类例证。他说，这些表达的解读应该不同于表面上相似表达的解读，如"I have a book/diamond/watch"。在后者，名词是"独立于我们思想 [manière de penser] 之外的、真实物体的名称。"相反，在"I have an idea"中，动词是"借来的 [empruntée] 表达"，它完全是通过"模仿"创造出来的。"I have an idea"的意思仅仅是"我正在思考"或"我正在以某种方式想象某个东西。"因此，语法不能保证"想法"、"概念"、"形象"等语词代表了"真实的物体"，更不用说"可感知的物体"了。由于这种语法观察基于一种错误的语法类比，所以其距离以笛卡尔主义和经验主义的形式批评观念（idea）理论仅有一步之遥。不久之后，托马斯·里德就对观念理论展开了批判。②

---

① 萨林则是用这里所列举了一些例子，来讨论杜·马塞理论的荒谬之处，他说："用现代科学来审视杜·马塞的理论，进而揭示其明显的错误，这并不公平"（萨林：《凯撒·谢诺》，第 84 页）。

② 里德（T. Reid）：《论人类的理智能力》（*Essays on the Intellectual Powers of Man*, 1785）。相关的评论和引文，参见乔姆斯基：《句法理论面面观》（*Aspects of the Theory of Syntax*），第 199-200 页。

杜·马塞引用大量文献资料说明，他的结构和句法理论在经院哲学语法和文艺复兴时期的语法中就已经初现端倪（参见第137页注释②）。但是，他遵循波尔-罗雅尔派语法学家的做法，认为表层结构和深层结构理论本质上是一种心理学理论，这种理论并不仅仅是解释特定结构或分析文本的手段。如上所述，在他解释言语的感知和产出时，这一理论扮演着重要的角色，这就如同《波尔-罗雅尔语法》中的情形，《语法》主张，我们听到或说出话语时，深层结构会表征"在我们的心灵中"。

再谈最后一个尝试发现复杂多变的表层背后所隐藏的规律的例子，这个例子就是《语法》第七章中对不定冠词的分析。在这一章，《语法》基于图形的对称性，主张 de 和 des 起到 un 的复数的作用，具体的例子如 Un crime si horrible mérite la mort（一桩如此可恶的罪行理应处死）、Des crimes si horribles méritent la mort（一些如此可恶的罪行理应处死）和 De si horribles crimes méritent la mort（一些如此可恶的罪行理应处死）等等。这里有个明显的例外，即 Il est coupable de crimes horribles（d'horribles crimes）（他获罪于一些可恶的罪行）。为了解释这一反例，他们提出了"不和谐音规则"，为了避免音调不和谐，就由 de 来代替 de de。他们还提到 des 作定冠词的用法，以及这些形式的其他用法。

或许，这些评述和例证足以说明"哲学语法学家"的语法理论的范围和特征。如上所述，他们的深层结构理论和表层结构理论跟语言使用的创造性问题直接相关。本书的第一部分也谈到这一点。

站在当今语言学理论的角度看，尝试发现和描述深层规则，以及尝试发现连接深层结构和表层形式的转换规则有点怪诞不经。[①]它不太关注"真实的语言"(也就是表层形式),也不关心"语言事实"。这种批评把"语言事实"的范围局限在实际话语的外部可识别的部分,以及它们之间关系的形式标记。[②] 由于受这种限制,只有在深层结构和表层结构吻合时,语言学才偶尔会把语言的使用作为一种思想表达的工具来研究;具体而言,只有在"声音-意义的对应关系"可以用表层结构表征时,语言学才会研究"声音-意义的对应关系"。受这种思想的影响,当代语言学家常常会对笛卡尔语言学和更早的语言学嗤之以鼻。[③] 笛卡尔语言学和更早的语言学尝试

[①] 最后一个分析不定冠词的例子除外。对这种超越表层结构来解释语言的尝试,现代语言理论比较包容;在 20 世纪 40 年代,特别是在美国,在讨论方法论时,它很多时候都成了讨论的主题。

[②] 当代句法研究有的也接受这限制,相关的讨论,参见波斯塔尔:《构造结构》(Constituent Structure, The Hague: Mouton, 1964)。实际上,现代很多有关方法论的讨论进一步暗示,语言学研究的对象应该局限于固定语料库中特定言语的表层结构。萨林在批评杜·马塞(第 36 页)时,说他使用造的例子,而不是在实际话语中所观察到的句子,作为一个语法学家,他犯了"不可原谅的错误"。这样批评别人,似乎他已经找了一个比较合理的做法,事实上并没有。萨林的做法也其实反映了现代学界的态度。

有关深层结构和表层结构分析方面的问题,进一步的讨论可以参阅乔姆斯基:《句法结构》(Syntactic Structures, The Hague: Mouton, 1957),《语言学理论的当前问题》(Current Issues in Linguistic Theory),《句法理论面面观》(Aspects of the Theory of Syntax);李斯(Lees):《英语名词化语法》(Grammar of English Nominalizations, The Hague: Mouton, 1960);波斯塔尔:"语言结构的表层和深层"(Underlying and Superficial Linguistic Structures),Harvard Educational Review 34(1964);卡茨和波斯塔尔:《一个融贯的语言描述理论》(An Integrated Theory of Linguistic Descriptions);卡茨:《语言哲学》(The Philosophy of Language),以及其他的一些出版物。

[③] 这里仅举一个例子,请看哈诺伊斯讨论"哲学语法"时所做的介绍性陈述["各种理论"(Les thories),第 18 页;需强调的是,此讨论不同寻常,因为它至少注意到了哲学语法学家所主张的学说,而不是把那些跟他们的实际工作完全相悖的荒谬信念当作他们的学说]。他指出,这项工作的参与者觉得,"通过丰富现有传统和充实已有的

全面地解释深层结构，即便深层结构跟可观测到的言语特征之间没有严格的一对一的对应关系，笛卡尔语言学和更早的语言学也会对它做出解释。这些探索语义内容组织和语音组织的尝试，在许多方面都有缺陷。不过，现代批评家通常并不是因为它们的缺陷而去反对它们，而是因为它们所关注的范围，才去反对它们的。

众多成果，他们在为一门学科的发展做出自己的贡献，这门学科已经产出一部重要的著作[即《波尔-罗雅尔语法》]。对于现代语言学家来说，这种观点似乎很荒谬，但它确确实实是存在的。"

需指出的是，当代学者鄙视传统语言学，这不仅仅是因为后者专注于表层结构，而是常常因为后者不加批判地接受"行为主义"对语言使用和习得问题的解释，本质上，好几个领域都是如此——在我看来，这种解释完全是错误的。[编者序言第35页的注释②中，有段引文出自乔姆斯基对B. F. 斯金纳的《言语行为》(Verbal Behavior)评论的重印版。对此，也请关注。]

语言学中的描写与解释

在笛卡尔语言学的框架内,描述语法关注声音和意义两者。用我们的术语来说,它给每个句子都指派一个抽象的深层结构,这一结构决定句子的语义内容,同时,它还会给每个句子指派一个表层结构,这一结构决定句子的语音形式。这样一个完整的语法会包括一套有限的规则系统,这一规则系统生成无限的,既有语义内容、又有语音形式的结构,因此展示了说话者-听话者是如何能无限地使用有限的手段,从而表达其"心智行为"和"心智状态"的。

然而,笛卡尔语言学关注的并不仅仅是这种意义上的描述语法,而是"一般语法"。换言之,它关注语言结构的普遍规则。我们所考察的这本书一开始就区分了一般语法和特定语法。对此,杜·马塞是用下面的方式描述的。

> 语法的某些属性[观察]适用于所有的语言。它们构成了我们所谓的一般语法——例如,以下现象所具有的属性:分节的音,跟这些声音符号对应的字母,语词的本质以及为了表达意义语词组合或结尾的各种方式。除了这些一般的属性外,还有专属于特定语言的属性,它们构成那些语言的特殊语法。①

---

① 《语法的真正原则》(*Véritables principes de la grammaire*)(1729),转引自萨

博泽用以下方式进一步阐述了这一区分：

> 语法的目的在于，借助口语词汇和书面词汇来表达思想。它包含两类原则：第一类源自思想的本性，它是亘古不变的真理，且放之四海皆准，它遵守自己的分析，同时又是自己分析的结果。另一个原则仅仅是假定正确的，它依赖于惯例，这些惯例具有偶然、任意和可变的性质，因此，它们会导致不同的方言（idiom）出现。第一类原则构成了一般语法，第二类原则是不同特定语法的研究对象。
>
> 因此，一般语法是一门理性科学，它研究的是口语或书面语中一般的、亘古不变的原则：无论这一语言［言语］是什么，它都是一般语法关注的对象。
>
> 特定语法是一门艺术，它把一特定语言任意的、通常的惯例应用于书面语或口语中不变的、一般的规则。
>
> 一般语法是一门科学，这是因为它的目标是对语言中永恒的一般规则进行理性思考。
>
> 特定语法是一门艺术，这是因为它考虑如何把一特定语言中任意的、通常的惯例实际应用于语言的一般原则。

林的《凯撒·谢诺》（*César Chesneau*），第 29-30 页。萨林在导言的第 IX 页讨论了杜·马塞发表这种观点的具体时间。在更早的时候，阿尔诺曾指出："人们通常不会把隶属于所有语言的东西看作特定语法的问题"（1669，圣伯夫的《波尔-罗雅尔》第 538 页引用了这句话）。在《波尔-罗雅尔语法》中，一般语言和特定语言的区别，虽然没有被明确地表述，但还是暗含在其中。威尔金斯也区分了"自然"（即"哲学的"、"理性的"）或"普遍的"）语法和"设置"（instituted）或"特定"语法，前者处理"基础和规则"，这些必定隶属于文字和言语哲学的范畴，后者处理"特定语言的规则"（*Essay*，第 297 页）。

语法科学早于所有语言,因为它的原则仅预设语言的可能性,且跟理智活动中指导人类推理的原则相同,简而言之,因为它的原则永远都是正确的。

相比之下,语法艺术出现在语言之后,因为语言的用法要想跟语言的一般原则建立人为的联系,它必须先存在;而且,形成这种艺术的类比系统只能由对于这些业已存在的用法所做的观察来决定。①

在《杜·马塞颂》一书中,达朗贝尔对"哲学语法"做了如下解释:

研究语法是哲学家的工作,因为只有哲学的心灵才能触及语法规则所依赖原则……这一心灵首先在每个语言的语法中认出所有语言都共有的一般原则,这些原则构成了一般语法。之后,要在隶属于各个语言的用法中,把两类用法区分开来,一类用法建立在理性的基础之上,另一类则是偶然性和失误导致的:它要观察语言之间的相互影响,观察这种交融所引发的变化(尽管这种交融会引发变化,但并不会完全改变语言独有的特征),同时,它要权衡它们相互之间的利弊;它们结构的差异……;它们天赋的多样性……;它们哪方面比较丰富,哪方面比较自由,哪方面比较贫乏,哪方面比较死板。真正的形而上学语法会研究这些因素。它的目标就是,帮助人类心灵生成

---

① 博泽:《普遍语法》(*Grammaire générale*),前言,第 v-vi 页。

它自己的想法以及使用语词来向他人传递思想。①

　　普遍原则的发现能够部分地解释特定语言的事实，因为可以表明这些原则是语言结构的一般特征的具体表现，语言结构的这些一般特征是用"一般语法"表述的。除此之外，根据对人类心灵过程的一般构想或者根据语言使用的偶然性（例如，省略转换的使用），这些普遍特征本身也许能得到解释。笛卡尔语言学按照这种范式尝试提出的语法理论，既具有"一般性"，又具有"解释性"。

　　波尔-罗雅尔语言学及其后继的语言学理论之所以出现，部分是为了反对当时盛行的研究方式，如沃热拉在《法语刍议》(1647)一书中主张的方法。② 沃热拉的目标仅仅是描述语言的使用。对于语言使用，"每个人都是现有语言的主人和主宰"（前言）。他的书称作《刍议》……而不是《决定》……或《论证》……，因为他只是"一个观察者"。他不去解释语言事实，也不去发现这些事实背后的一般原则。他通常建议，不要出于理性或美学的考虑对用法进行修正或净化。因此，他的语法不是"解释性的"，也不是规范性的。③ 他相当清楚地知道确定实际用法存在的问题，并对"诱发程序"做了有意思的讨论（第 503 页及以下）。他在讨论中指出，结构

---

① 转引文自萨林《凯撒·谢诺》(*César Chesneau*)的第 21 页。注意：博泽和达朗贝尔谈论特定事实和一般原则之间的关系时，强调的内容有所不同。不过，他们的观点并不是不相容的。

② 参见圣伯夫的《波尔-罗雅尔》，第 538 页及以下；哈诺伊斯(Harnois)："各种理论"(Les théories)，第 20 页。

③ 他选择"有修养的人的用法"（即最好作者的用法，特别是宫廷中的"口语用法"）作为描述的对象，可以肯定，这暗含着"规范主义"的因素。

语言学家有时提出并用来判断句子是否合乎语法的"直接问题"检验法并不充分,它预测的结果也不具有确定性。他并没有将其描述性的评论局限于表层结构。[1] 例如,他指出,人们不能从语词形式来确定它是有主动义,被动义,还是有歧义,或是有主动被动两种意义(第562-563页)。因此,在"My esteem isn't something from which you can derive any great advantage"中,短语"my esteem"的意义是"the esteem which I hold for you,"而在句子"My esteem does not depend on you"中,它的意义是"the esteem in which I am held"或者"the esteem in which I may be held"。另外一些语词,如aid、help和opinion等等与此相同。还有其他一些涉及到更广泛意义上的描述的充分性的例子。与此同时,沃热拉的著作也预示了现代语言学理论的许多缺陷。例如,他未能认识到语言使用的创造性。他认为,尽管新词(如brusqueté和pleurement)可以通过类比正确地形成(第568页及以下),但是正常的语言使用是构建"用法所允准"的短语和句子。在这些方面,他对语言结构的看法跟索绪尔、耶斯佩森、布隆菲尔德以及其他许多学者没有太大的不同。这些学者认为,只有"通过类比"、"通过在固定框架内用一些词条替换同一类的词条"才可能实现创新(参见上文第65页)。

---

[1] 注意:把语言学研究限制描述上,不进行解释,并不意味着,研究就仅局限于表层结构。后者是进一步的限制,也是一种独立的限制。[可以将把局限于"纯粹的描述"的研究跟维特根斯坦的《蓝皮书》和《哲学研究》做比较。有意思的是,跟维特根斯坦相同,乔姆斯基认为,不可能构建语言使用的科学(严肃的理论)——其理由跟语言的创造性使用(尽管维特根斯坦没有使用这一术语)有关。当然,乔姆斯基跟维特根斯坦也存在不同,乔姆斯基认为,可以构建一门语言科学(普遍语法)。相关的讨论,参见编者序言和McGilvray 1999, 2005。]

"哲学语法"的这种反应,并不是为了反对沃热拉和其他人所主张描述主义,①而是为了反对把研究限制于纯粹的描述主义。《波尔-罗雅尔语法》主张,"一般用法所允许的、毫无争议的说话方式必须被认为是合理的,即使是它们违反了语言规则和语言的类比"(第83页;PRG,第113页),并认为这对任何研究现存语言的人来说,都应该是个普遍的信条。拉米在其修辞中表达了对沃热拉观点的认同,把用法描述为"语言的主人和任意支配者",并主张:"必须确立的规则和人们普遍同意的规则,没有人可以提出异议"(同前,第31页)。杜·马塞坚持认为,"哲学语法学家必须在他正在研究的特定语言与这种语言本身之所是的关系中,而不是在与另一语言的关系中考虑他所研究的语言。"②哲学语法学家通常不会尝试

---

① 沃热拉绝不是第一个认为语言的使用至关重要的学者。一个世纪前,在最早的法语语法著作之一中,梅格雷就认为,"我们必须按照我们实际说话的方式来说话",人们不可以"制定任何规则来反对法语通常的发音方式"[转引自利维(Ch.-L. Livet)的《十六世纪的法语语法和语法学家》(*La grammaire française et les grammairiens du XVIe siècle*)]。

值得注意的是笛卡尔语言学家对纯描述主义的反应。描述主义概述了13世纪思辨语法的发展变化,并试图对语言的使用做出合理的解释,而不仅仅是单纯地记录语言的用法。思辨语法也区别了普遍语法和特定语法。例如,罗吉尔·培根认为,"就其实质而言,所有语言的语法都是一样的,尽管它们偶尔会有所不同"[查理斯编《希腊语法》(*Grammatica Graeca*),第278页;转引自克雷兹曼(N. Kretzmann):"语义学的历史"(History of Semantics), in *Encyclopedia of Philosophy*, ed., P. Edwards, New York: Macmillan, 1967]。

② 《百科全书》"达蒂夫"(Datif)词条。萨林在《凯撒·谢诺》(*César Chesneau*)的第26页引用了这一词条。萨林(第45页)还给出了一段更早的引文,这段引文出自《语法的真正原则》(见第167页注释①):"语法不会出现在语言之前。没有基于语法的语言;语法学家的规则[观察]必须基于语言使用,而不是语言使用出现之前就存在的法则。"这段引文之后是对杜·马塞的评论,即认为杜·马塞没有遵守这一原则。虽然杜·马塞的著作有很多地方应被批判,但我找不到一点的证据来支撑这一指责。

着去改进或完善语言,而是要去发现其基础原则,并解释观察到的特定现象。①

有一个多世纪,依据沃热拉的关系从句规则提出的例子被用来说明描述性语法和解释性语法之间的区别(第385页及以下)。这一规则要求,关系从句不能加到没有冠词的名词或只带不定冠词 de 的名词上。因此,我们不能说,"Il a fait cela par avarice, qui est capable de tout"或者"Il a fait cela par avarice, dont la soif ne se peut esteindre"。与此类似,我们不能说"Il a esté blessé d'un coup de fleche, qui estoit empoisonnée"(第385页),虽然我们可以说"Il a esté blessé de la fleche, qui estoit empoisonnée"或者"Il a esté blessé d'une fleche qui estoit empoisonnée"。

《波尔-罗雅尔语法》第九章首先指出,这个规则有很多例外;然后提出了一个一般性解释原则,并用这个原则来解释沃热拉的规则所涵盖的事实及各种例外。② 这一解释所依赖的也是意义和指称的区别。"普通名词"的意义(歧义或隐喻义除外)是固定的,但其

---

① 当然,这与笛卡尔的方法论是一致的。后者坚持观察的必要性,也坚持认为,若要在两种解释之间做出抉择,判决性实验是必不可少的。参见《谈谈方法》的第六部分。对"一般(普遍)语法"(表达人类共有的东西)和"解释性语法"(它会解释事实,而不仅仅是列举事实)的关注,源于笛卡尔,这一点非常明显,无需讨论。同样,新近的研究发现,13世纪的思辨语法之源可以追溯到亚里士多德理性科学的概念。参看克雷兹曼,同前引文。

② 这一讨论是阿尔诺引发的。在《语法》出版前一年,他在其往来书信中讨论了这一问题。参看圣伯夫,同前引文536页的脚注。

顺便说一下,《语法》暗示说,沃热拉没有意识到这一规则的反例,这对沃热拉来说并不公平。事实上,这里所引用的一个反例(即呼格词)。他认为它有一个默认的、被删除的冠词),沃热拉曾提到过。此外,沃热拉实际上还尝试对他提出的规则进行解释。可以肯定,他对自己的解释并不满意。

指称会随着名词所在的短语而变化。在以下情形，特定的名词是不确定的："当没有任何东西指明它应被看作是普遍意义的还是具体意义时；以及当这个名词用于某个具体意义时，并不清楚它是否指某一特定的对象"（第77页；PRG，第109页）；在其他情况下，它是确定的。沃热拉规则现在借助"确定"这一术语得到重新表述："根据法语现行的规则，我们不应该在普通名词之后使用关系代词qui，除非它被冠词所确定或被其他像冠词那样的成分所确定"（第77页；PRG，第109页）。接着，它进行了详细的分析，并试图说明在那些明显的反例中，名词的出现是由某种特征"决定"的，而不是由冠词决定的。这一分析所依赖的部分设想是深层结构假设，而深层结构假设本身就比较有意思。杜·马塞、博泽和其他一些学者也在一定程度上讨论了这条规则。这里，我们无需详述。我们这里所要说的是，作为一个范例，它表明了如果语言学要想成为真正的"科学"，而不仅仅是收集事实——用现在的术语来说就是，如果语法要想成为哲学——那么我们除了要提供描述性的陈述外，还要辅以理性的解释。

对于沃热拉规则和其他几个例子，普遍语法所做的解释具有一定的重要性，也涉及到具体的语言学内容。然而，在多数情况下，它们是空洞的，并且会以非常机械且没有启发意义的方式诉诸潜在的心理实在。事实上，在我看来，一般来说，现代评论家对"哲学语法"的批评是错误的。他们通常认为，哲学语法的错误在于其过度理性，在于其先验主义及对语言事实的漠视。不过，一个更为有力的批评则是，哲学语法的传统仅仅局限于对事实的描述——它"理性"不足；换言之，对于这项工作的缺点（或局限），我跟现代评论家的观点恰恰相反。哲学语法学家广罗事实,并试图为每个例证寻找其表层形式之下的深层结构,寻找表达其成分之间关系的深层结构,因为这些关系决定了这些例子的意义。从这个角度看,他们的研究是纯描述性的(就像现代语言学是纯描述性的那样。现代语言学所追求的目标更为有限,就是找出构成特定话语的表层结构的单位、这些单位构成短语的方式,以及它们借助形式标记所标记的各种关系)。阅读他们的著述,人们总会感觉到其分析是特设性的,哪怕有的分析似乎事实上是正确的,这种感觉也很明显。他们提出深层结构传递意义内容,但并没有交代选择某些结构做深层结构的原因(除了从语言事实的角度来说做出这样的选择是正确的之外)。他们所缺的正是一个阐述精确又能经得起检验的语言结构理论。他们所给出的大量深层结构的例子虽然似乎很合理,但并不尽如人意,就像现代语言学将特定的话语分析成音素、语素、单词和短语常常是合理的,但其描述并不尽如人意。在这两种情形中,对于语言的一般本质,我们都没有一个基础的、强有力的假设,能够说明在儿童习得语言时,或语言学家描述语言时,为什么会依据可以得到的材料做这样的描述,而不是做其他的描述。[1]

---

[1] 对于语言学中解释问题的进一步讨论,参见乔姆斯基:《句法结构》(*Syntactic Structures*);"语言学的各种解释模型"(Explanatory Models in Linguistics),载 E. Nagel, P. Suppes, A. Tarski 编《逻辑、方法论和科学哲学》(*Logic, Methodology and Philosophy of Science*, Stanford: Stanford University Press, 1962);《语言学理论的当前问题》(*Current Issues in Linguistic Theory*)和卡茨:"语言学中的心智主义"(Mentalism in Linguistics), *Language* 40(1964),第 24–137 页。[亦可参见乔姆斯基 1975a, 1975b, 1980, 1981, 1986, 1988a, 1992, 1995b, 2000, 2005, 2007。从某种意义上说,乔姆斯基的最新著作已经"超越了解释",这是因为——与 1966 年的语言学研究状况不同——他现在可能认为,《语言研究面面观》最初提出的解释充分性的问题(实际上是"柏拉图问题")已经得到解决,因而

再者，哲学语法并没有识别出连接深层结构和表层结构的复杂机制。除了以上勾勒的总体轮廓外，哲学语法并没有详细探讨语法中出现的规则的特征，或者它们必须满足的形式化条件。与此同时，也没有清楚地区分句子潜在的抽象结构和句子本身。总的来说，它假设深层结构由实际的句子以更简单或更自然的方式组成；在已经形成的简单句上运用倒装、省略等规则就可生成全部的实际句子。这一观点在杜·马塞的结构和句法理论中可以清楚看出。毫无疑问，它是当时哲学语法界的普遍观点。[1] 深层结构只不过是简单句的组合这一完全没有根据的假设，可以追溯到笛卡尔的设想。根据他的设想，一般情况下，决定思想和感知之本质的原则可

现在可以转向其他议题。现在他集中精力研究其他的解释性问题——计算经济性问题和生物具身化问题，其中有些议题跟语言进化有关，跟如何将语言学"置入"于生物学的议题有关。参见编者序言。顺便提一下，将乔姆斯基的天赋观与洪堡特的观点进行比较，很有启发性。]

20世纪40年代，美国描述主义最显著的特征之一就是，坚持认为用精准、明确的分析程序进行分析是合理的。强调精确性，强调必须用独立于语言的术语来做描述性的表述，构成了描述主义的一个重要贡献。然而，对描述合理性的这一要求（换言之，按照20世纪40年代对方法论的讨论，它是"程序性的"）过于严格，结果，要想实现这一目标就变得不太现实。一些学者对这一严格要求（具体而言，这一要求是，任何清晰明确的分析程序都与其他分析程序一样好）的抵制也大大降低了它的潜在意义。

[1] 不过，请注意，如果完全从字面去解读的话，《波尔-罗雅尔语法》的相关讨论并没有把基础结构等同于实际的句子。参见前面的第83-84页和第147页注释①。从整体构思上来说，它非常接近于第165页注释②的参考文献中所阐释的转换生成语法，这种语法所依赖的设想是，转换规则所适用的结构是潜在的抽象结构，而不是实际的句子。顺便提一下，在生成语法框架之外，哈里斯首次提出了转换理论，把转换看作是实际句子之间的关系。实际上，在这一点上，他更接近于杜·马塞和其他学者的观点（见哈里斯："语言结构中的共现和转化"（Co-occurrence and Transformation in Linguistic Structure），*Language* 33 (1957)，第283-340页，以及其他参考文献）。相关的讨论，参见乔姆斯基：《语言学理论的当前问题》(*Current Issues in Linguistic Theory*)，第62页注。

通过内省获得,如果我们认真留意的话,它们也可被意识到。

尽管存在这些不足,笛卡尔语言学对语法组织的深邃见解仍然令人印象深刻。倘若对此类语言研究的先验局限没有偏见或成见的话,那么对此做仔细探讨,一定会受益匪浅。除了这些成就外,17世纪和18世纪的普遍语法学家还有一个影响深远的贡献:他们清晰地提出了语言研究从"自然历史"向"自然哲学"转向的问题,并强调如果研究朝向这一目标,探索普遍原则和理性解释语言事实具有重要意义。

语言习得与语言使用

到目前为止，我们已经从"笛卡尔语言学"中提炼出一些有关语言本质的典型的、重要的学说，并勾勒了这些学说在从笛卡尔到洪堡特这段时间的发展轨迹。在心灵的理性主义理论的背景下，对言语的这一研究还有附带的收获，那就是，学者们对语言习得和语言使用问题也提出了一些观点。经过很长一段时间的沉寂后，这些观点再次得到了应有的注意。虽然实际上它们在很大程度上是独立发展起来的（就如转换语法核心思想的再现一样）。

笛卡尔语言学的核心思想是，语法结构的一般特征为所有语言共有，它反映了心灵的某些基本属性。正是基于这种假设，哲学语法学家开始专注于"一般语法"，而不是"特定语法"。这体现在洪堡特的语言观中。用洪堡特的话说，深入的分析能够揭示不同民族和个体背后共同的"语言形式"。[①] 语言的某种共同的东西限定了人类语言变化的范围。[②] "一般语法"研究的是，限定了所有人类语

[①] 然而，洪堡特给出的画图有点过于复杂。参见上面的第 69-73 页。

[②] 请注意，用这些术语进行描述时，语言的共同的东西无需在每种语言都出现。例如，说某些语音特征构成了普通语音学，并不是说这些语音特征在每种语言都起作用，而是说每种语言都会在这个特征系统中做出特定选择。参见博泽（同上）第 ix 页："语言的必要成分……实际上在所有语言都存在，它们的必然性在对思想做分析的和形而上学的阐述时发挥着必不可少的作用。但是，我谈论的并不是个体的必然性，这种必然

言形式的普遍条件,这些普遍条件不是通过学习获得的;相反,它们提供了一些组织原则,这些原则使语言学习成为可能;同时,如果语言要成为语言知识,这些原则就必须存在。假设这些原则存在于人的心灵中,并且是心灵与生俱来的一种属性,就可以解释一个非常明显的事实,即说话者知道的内容比所学的内容要得多。

笛卡尔语言学以这种方式来研究语言习得问题和语言共性的问题,反映出17世纪理性主义心理学比较关注心灵对人类知识的贡献。赫伯特勋爵在其著作《论真理》(1624)①中提出,"有些原则或观念被植入心灵中","这是自然赐予我们的礼物,我们会把这些作为自然本能的行为准则的原则或观念跟客体联系起来"(第133页)。他可能是最早阐述这一在这一世纪大部分时间都是主要议题的人。虽然这些共同的观念"是受到外界客体刺激产生的",但是"一个人的想法无论多么荒诞不羁,都不会认为,这些共同的观念是由外界客体传达的"(第126页)。相反,这些观念对于识别外界客体和理解它们的属性及关系至关重要。虽然如果没有外界客体,各种共同观念中的"理智真理(intellectual truth)似乎就会消失,但它们并非完全消极无用,这是因为它们对客体至关重要,客体对它们也至关重要……。无论是对于熟悉的事物,还是对于新鲜的事物,理智只有借助它们的帮助,才能判断我们的主体官能(subjective

---

性不允许人们自由地拒绝习语;我指的仅仅是特定的必然性[une nécessité d'espèce],它限定了人们的选择范围。"[心灵在语音特征中进行"选择"这一观点,预示了乔姆斯基后来(20世纪80年代初期)的原则和参数理论。这种理论认为,孩子在习得语言时心灵会做出各种"选择"。相关的讨论,参见编者序言。]

① M. H. Carré(1937)译, *University of Bristol Studies*, No. 6.

faculty）是否准确地把握到了事实"（第 105 页）。运用"自然印记在我们灵魂"中的这些智性真理，我们就可以根据客体、客体的属性、它们参与的事件等因素来对比和组合个体的感觉，来解读我们的经验。很明显，这些解释性原则不能完全从经验中学到，它们可能跟经验是分离的。根据赫伯特的观点，

> 它们远远不能从经验或观察中获得，没有他们中的几个，或者没有其中一个，我们就不会有经验，也不能观察。因为如果我们的灵魂不知道我们应该去审查事物的本质（我们没有从客体中得到这一指令），如果我们没有共同的观念，那么我们就从来不会把不同事物区分开来，也不会把握住事物的一般本质。凭借一些官能，我们能够区分善与恶。倘若类似的官能没有以观念的形式植入我们的心灵，那么空缺形式、天才和恐惧的画面等在我们面前经过时，将会变得毫无意义，甚至会险象环生。我们还能从哪里获得知识呢？考虑客体的外部关系在多大程度上有助于正确感知的人；寻求评估我们贡献的人，或者寻求发现哪些是由外来的或偶然的因素导致的，或者是由先天作用导致的，或由自然因素导致的人，将会考虑这些原则。我们不仅在选择善与恶、利与害时会倾听大自然的声音，而且在选择它们对应的外部成分时，也会倾听大自然的声音。借助它们对应的外部成分，我们可以区分真与假。我们拥有潜在的能力，当受到外界事物刺激时，可以快速做出回应。（第 105–106 页）

理智仅通过使用这些"天生能力或共同观念",就可以确定"我们的主体官能是否很好地运用了其感知"(第87页)。因此,这种"自然本能"告知了我们"听到、希望或期望"的东西的性质、方式和范围"(第132页)。

有了共同观念、天生的组织原则和概念,才可能有经验。不过,在确定共同观念、天生的组织原则和概念是什么时,必须谨慎。赫伯特认为,"自然本能的主要标准"是"普遍同意"(第139页)。但是必须有两个限制条件:首先,这里所说的普遍同意必须是"正常人"的普遍同意(第105页)。也就是说,我们必须抛开"精神失常者"或者"精神上无能力行事者"(第139页),还必须抛开那些"固执的、愚蠢的、弱智的和鲁莽的"人(第125页)。虽然这些能力在这些人身上不会完全消失,"甚至在疯子、酒鬼和婴儿身上都可以发现非凡的内部力量,这些力量可以保障他们的安全"(第125页),但是我们仍然期望只在正常、理性和清醒的人群中才能发现对共同观念的普遍赞同。第二,必须有适当的经验,这样才能诱发或激活这些先天的原则;在客体没有激活它们时,它们都是不活跃的,这是共同观念的规律或命运,这其实也是其他形式的知识的规律或命运"(第120页)。在此方面,共同的观念就如视觉、听觉、爱恋、希望等我们天生就有的能力。"当相应的物体不存在时,它们保持潜伏状态,甚至消失,没有一丝存在的痕迹"(第132页)。但这一事实并不妨碍我们认识到"共同观念不应被看作经验的结果,而应该被看作原则;没有这些原则,我们就没有经验"。这也不妨碍我们认识到以下理论的荒谬性:这种理论认为,"我们的心灵就是一张干净的白纸,好像我们从客体本身就能获得处理客体的能力"(第

132页)。

共同观念"全部密切相连",并构成一个系统(第120页);虽然"数目无限的客体,能够唤醒数目无限官能,但是所有涵盖这一有序事实的共同观念都可以用几个命题来理解"(第106页)。这种共同观念系统不能被视为"推理。"它只是构成了"部分知识,根据自然界的原始计划,这部分知识是先天赋予的"。重要的是,要牢记"自然本能的本质是以一种非理性的方式体现出来的,也就是说,它是缺乏远见卓识的"。另一方面,"推理就是尽可能地运用共同观念的过程"(第120-121页)。

赫伯特将注意力集中在天生的解释性原则上,这些原则是获得经验和知识的先决条件。他强调这些原则是隐性的,需要外部刺激才能变得活跃或才能通过内省获得。这里,其实赫伯特已经道出了笛卡尔语言学所依赖的大部分心理学理论。此外,他还强调了由笛卡尔提出的认知方面的理论,后来英国柏拉图主义者、莱布尼兹和康德都发展了这些理论。[1]

---

[1] 可能除了17世纪英国的柏拉图主义之外,这些理论的发展状况已是众所周知。参见洛夫乔伊(A. O. Lovejoy):"康德与英国的柏拉图主义者"(Kant and the English Platonists), in *Essays Philosophical and Psychological in Honor of William James* (New York: Longmans, Green, 1908)。这篇文章讨论了英国的柏拉图主义,特别是其对"观念和范畴"的研究兴趣。"每次物体呈现时,观念和范畴都会出现,并使得理性经验的统一和相互关联成为可能。"洛夫乔伊的解释又严重依赖里戎(G. Lyons):《英国十八世纪的唯心论》(*L'idéalisme en Angleterre au XVIIIe siècle*, Paris, 1888)。亦可参见帕斯莫尔(J. Passmore):《拉尔夫·库德沃思》(*Ralph Cudworth*, Cambridge: Cambridge University Press, 1951);吉斯(L. Gysi)《拉尔夫·库德沃思哲学中柏拉图主义和笛卡尔主义》(*Platonism and Cartesianism in the Philosophy of Ralph Cudworth*, Bern: Herbert Lang, 1962)。乔姆斯基在《句法理论面面观》的第一章第八节,给出了援引笛卡尔、莱布尼兹等人一些相关文字,在这一节他还简短地讨论了这一立场跟当前研究问

以这种方式发展起来的心理学是一种没有前世概念的柏拉图主义。莱布尼兹在很多地方都明确阐释了这一立场。他认为"如果我们大脑中没有某些东西的观念,我们不会学习任何东西。"他想起柏拉图在《美诺篇》中对奴隶男孩所做的"实验",并以此证明"灵魂实际上知道那些事情[此处指的是几何真理],只需要通过提醒(批判)就可以识别这些真理。因此,它至少拥有这些真理所依赖的观念。如果将它们看作观念之间的关系,我们甚至可以说它已经拥有了这些真理"(第 26 节)。[①]

题的关联性。[乔姆斯基在《笛卡尔语言学》的结论中(下文第 107 页)指出,他对"笛卡尔语言学家"的概述省略了一些人物,或者对他们的讨论并不充分。他特别提到伊曼纽尔·康德。对于乔姆斯基讨论的有关语言习得的科学问题,剑桥的柏拉图主义者比康德更有话语权,康德的研究兴趣主要是认识论问题,他的讨论几乎没有可以预示乔姆斯基的语言"生物化"的内容。也许,这一点比较重要。]

有关理性主义对语言习得问题的研究以及经验主义对语言习得问题的研究所存在的不足,也可参阅乔姆斯基的《语言学中解释模型》和卡茨(Katz)的《语言哲学》。对这一问题,还请参阅林内贝格(E. H. Lenneberg):"从生物学角度看语言"和《语言的生物基础》(*Biological Foundations of Language*, New York: John Wiley, 1967),以及福多和卡茨编:《语言的结构:语言哲学读本》(*The Structure of Language: Readings in the Philosophy of Language*) 第 VI 章, Englewood Cliffs: Prentice-Hall, 1964。[另请参见靳肯斯 1999 和 McGilvray 2005 的其中几章,以及这两本著作的参考文献。生物语言学依然是个新兴的研究领域。Hauser, Chomsky, Fitch 2002 的研究是个特别好的起点;乔姆斯基(2007,待刊)做了非常有益的概述;技术性更强的讨论,见乔姆斯基 2005。]

① 莱布尼茨,《谈形而上学》。这里的引文出自《莱布尼兹:谈形而上学以及与阿尔纳德的通信》的英语译文,译者是 G. 蒙哥马利(La Salle: Open Court, 1902)。对于柏拉图的理论,莱布尼兹只是坚称"它清除了先验存在的错误"。同样,库德沃思接受了回忆理论,不过他并没有接受先验存在学说,尽管柏拉图主张先验存在学说可以解释他所描述的事实:"这是那个古老的断言(即知识就是回忆)唯一真实且被认可的意义;这并不是因为它跟灵魂之前的某个时候在先验存在的状态下已经了解的东西相似,而是因为心灵是通过它自己内在的期望,它与生俱来的、内在的东西,或内部积极使用的东西,来理解事物的"[《论永恒和不变的道德》(*Treatise Concerning Eternal and*

当然，从这种意义上来说，心灵之中所潜在的东西，可能常常需要适当的外部刺激才能变得活跃，很多决定思维和经验本质的天生原则可能都是被下意识地使用的。莱布尼兹在他的《人类理智新论》中特别强调了这一点。

笛卡尔语言学有个一般性的预设：我们的潜意识中存在着语言的原则和自然逻辑的原则；① 它们在很大程度上是习得语言的先决条件，而不是借助"制度"或"训练"形成的。② 例如，当科迪默谈及语言问题时（同上，第40页以下），他谈到了教学和训练的作用，但他也注意到，儿童所懂得的东西很多都不是通过显性教学获

Immutable Morality），第424页。这里和后面参考文献的页码，出自在美国出版的库德沃思文集的第二卷第一版，这些作品由 T. Birch（1838）主编］。［引文出自萨拉·赫顿（Sarah Hutton）编的《论永恒和不变的道德》（Cudworth 1996）最新版本的第74页。此参考文献已添加到正文和后面的参考文献中。］

莱布尼茨（《谈形而上学》，第26节）认为，"大脑时刻都在表达未来的想法，它本来可以考虑得非常清晰的问题，现在想得已经很混乱了"。可以认为，他的这一观点暗示了我们在第二节讨论的有关语言（和思维）的基本见解。

① 参见博泽的《普遍语法》，第 xv-xvi 页。他对"语法形而上学"（la Métaphysique grammaticale）的定义是："公开语言的本质，以其自己的术语确立，并简化为一般的概念"：

这种形而上学在语言中发现的亮点……来自永恒的推理，它却在指引着我们，尽管我们并并没有意识到这一点……不过，那些说得最好的人一定能意识到这些微妙的原则；说他们没有意识到这些原则是没用的，如果他们没有意识到它们，他们为何能够运用地这么好呢？我承认，他们的论证可能不会使用所有的规则，因为他们没有系统地研究它们［l'ensemble et le système］；不过，由于他们最终应用了这些原则，所以他们自己能意识到它们；他们无法逃脱这种自然逻辑的印记，自然逻辑在心灵的各种运算中，默默地发挥着指导作用，而且这种作用还是不可抗拒的。一般语法所做的就是对这种自然逻辑的程序做理性的说明。

② 参照上面第97页。显然，笛卡尔的一贯观点是，尽管我们没有意识到这些原则可能在发挥着作用，但通过内省，我们就可以清醒地意识它们。

得的[1]。他总结道,要想学习语言,就必须先拥有"健全的推理能力,因为这种学习说话的方式是辨析和推理的结果。人的辨析能力非常强大,推理过程异常完美,因此,无法想象还需要其他更奇妙的东西存在"(第59页)。

---

[1] 但是,我们在教授他们某些东西时无论遇到什么样麻烦,都经常会发现他们知道成千个其他的名字,而我们并无意向他们展示这些名字;更惊人的是,我们看到,当他们两三岁时,仅凭注意力,他们就能把我们在各种结构提到的一个东西的名称区分出来(第47-48页)。

他还指出,儿童习得母语要比成人学习一种新的语言容易。

将这些普通却又正确的观察跟现代许多学者关于语言习得通常所获得的发现进行对比,将会很有趣。实际上,这些人的结论并非基于观察,而是基于认为某些事情必定发生的先验假设。例如,可以参见布隆菲尔德(同上:第29-31页)对所有的语言"习惯"是如何通过培训、指导、训练和强化而形成的预测;维特根斯坦:《蓝皮书》(*Blue Book*, Oxford: Blackwell, 1958),第1,12-13,77页;斯金纳:《言语行为》(*Verbal Behavior*, New York: Appleton-Century-Crofts, 1957);奎因(Quine):《语词与对象》(*Word and Object*, Cambridge and New York: MIT Press and John Wiley, 1960)等。[也请参阅编者导论。]

现代的一些讨论偶尔也会用到"概括"或"抽象"等过程,它们跟关联和训练一起发挥作用,但必须强调是,已知的此类过程并不能克服经验主义者对语言习得解释的不足。有关讨论,参见第182页注释[1]中的参考文献。思考这一问题时,特别要牢记,有些人曾试图说明通过"抽象",一般的观念能从感官影像(幻觉)中产生,因此不需要假设天生的心智结构。对此,库德沃思(《论永恒和不变的道德》,第462页;库德沃思1996:第114-116页)提出了批评。他指出,施动理性(intellectus agens)"事先知道用这些幻象做什么,怎么看待它们,以及将它们塑造成什么形状",此情形预设的前提是有"一个可理解的观念";若他没有这样的规划,"他必定是个拙劣的工匠",换言之,"抽象"的行为会导致任意和荒谬的结果。

简而言之,虽然用到了"概括",但仍然需要准确地解释信仰和知识获得所依赖的基础。如果愿意,我们可以将语言习得的过程称作是概括或抽象的过程。但是,显然我们将被迫得出结论:如果赋予"概括"或"抽象"这一新的意义,那么它跟"概括"或"抽象"在哲学、心理学或语言学中的专业用法或界定清晰的用法之间,看不出有什么联系。

由于一些浪漫主义者的卓越表现，理性主义的结论也得以再现。奥古斯都·威廉·施莱格尔写道："人类的理性可以比作一种物质，虽然它可以无限地燃烧，但并不能自行点燃：需要有个火花扔进灵魂中"（"论普通语源学"，同上，第127页）。要激活理性，就必须与已经形成的智性进行交流。但是，外部刺激仅仅是将天生的机制运作起来，它不能确定所习得内容的形式。显然，"这种通过交流习得[语言]的观点，已经默认人具有创造语言的能力"（《艺术学》，第234页）。从某种意义上说（换言之，"从更真实的哲学意义上讲，根据通常的观点，人所有天生的东西都是通过他自己的活动展现出来的"），语言就是天生的（同上，第235页）。尽管施莱格尔说了很多类似的话，但其确切意图可能还可讨论。不过，对语言习得问题，洪堡特明显持有柏拉图主义立场。洪堡特认为，"学习就……仅仅是再生"（同上，第126页）。尽管表面上看语言是可以教授的，其实它"并不是教会的，它只能在心灵中唤醒；人们只可以给它线索，然后它就自己发展起来了"；从某种意义上说，语言是个体的"自我创造"[Selbstschöpfungen]（第50页；洪堡特1999：第43-4页）：

> 儿童学习语言，并不是接受单词，然后记住单词，并用嘴唇咿呀模仿的过程，而是语言能力随着时间和练习不断增长的过程（第71页）。

孩子并不是机械地学习语言的，而是在形成一种语言能力，这可能得到事实的证明：人类的主要能力都是在某个固定时间段形成的,所有的儿童都基本在同一年龄段能够说话和理解语言。无论学习语言的环境怎样变化,儿童习得语言的时间都只能在一个短暂的时间范围内变化(第72页,洪堡特1999:第58页)。

简而言之,语言习得就是,在合适的外部环境下,相对固定的能力逐渐成长,并变得成熟。所习得的语言形式在很大程度上取决于外部因素,这是因为所有人类语言基本是相似的,是因为"人无论身处何方,都是一样的",还是因为孩子可以习得任何语言(第73页)。[1]而且,语言能力的功能在智力发展的某个"关键期"是最

---

[1] 参见斯坦因塔尔的《洪堡特诞辰100周年纪念会上的演讲》,第17页。他认为,洪堡特基本的观点是,要看到"外部因素如果起初不在人内部的话,是不能进入人内部的;外部影响仅起到刺激作用,它只能刺激内在的东西展现出来。内在的深处是真正诗歌和真正哲学的统一来源,是所有观念和人类所有伟大创造的源泉,而且,语言也源于此。"

顺便提一下,洪堡特的教育观也同样关注个体的创造性作用。他早期的文章反对国家专制(请参阅本书66-67页),他说道:"毫无疑问,良好的教育在于将所要克服的困难摆在受教育者面前,并呈现各种解决方案,然后让他自己选择哪个最合适或更好,以找到自己的解决方案。"他坚持认为,这种教育方法国家不会用,国家只会使用强制和专制的手段[参见考恩(Cowan):《人本主义者》(Humanist),第43页]。在其他地方,他提出,"所有的教育都只源于人内在的心理构造,它只能被激发,从来都不是由外部机构创造的"(考恩,第126页)。"人的理解犹如他的其他能力,只有通过他自己的活动、他自己的创造,或对他人发明的利用才能逐渐形成"(考恩,第42-43页)。亦可参见考恩,第132页及以下。

如果跟哈里斯的观点做对比,将会很有意义。哈里斯在《赫尔梅斯》中说道:"没有什么比普通的教学观念更荒谬的了,这种观念认为,科学输入人的大脑就如水倒入水池一样,后者只会被动地接收所倒来的东西。其实,知识的增长……[颇像]……水果的生长;外部的诱因可能会在某种程度上起到帮助作用,不过,是内在的活力和树的优良品质让它最终成熟"(Works,第209页)。这显然是苏格拉底式的方法。就如库德沃思所描述的那样(《论永恒和不变的道德》,第427页;库德沃思1996:第78页),"知识

佳的。

　　需强调的是，17世纪的理性主义是以一种非教条的方式来研究习得问题——尤其是语言习得问题。它注意到，我们基于非常零散、不充分的语料，就能掌握知识，而且习得的内容都是一样的，这绝不可能是由语料本身决定的（见第185页注释①）。结果，这些属性被归因于心智，被看作是获得经验的前提。本质上讲，如果当今的科学家对某种设备的结构感兴趣，而且对于这一设备，我们所拥有的仅仅是输入和输出的数据，那么科学家们也会采取这样的推理思路。相反，对于学习的本质，特别是现代的经验主义者，通常会采纳某些先验的假设（即学习必须基于某种关联或强化，或者基于基本的归纳程序——就如现代语言学的分类程序等）。他们并没有考虑到，其实有必要将其假设跟我们观察到的"输出"一致性进行核对——跟我们学习之后所知道的内容，或相信为真的内容进行比对。因此，尽管先验主义或教条主义经常指责理性主义心理学和心灵哲学，但他们的指责似乎明显搞错了方向（进一步的讨论，参阅第182页注释①中引用的文献）。

　　对于天生的心智结构，理性主义心理学和心灵哲学持强假设的立场，该假设认为没有必要明确区分感知理论和学习理论。本质上，这两者采用了相同的程序；它们都有一些潜在原则，这些原则能够解释感知到的语料。可以肯定的是，潜在结构最初的"激活"跟当它可以用来解释（更准确地说，是确定）经验时我们对它的使

不是像酒一样倒入灵魂，其实，它需要诱导，并慢慢地从灵魂中提取出来；心灵也不像容器那样，需要从外面往里填充东西，而是需要去诱发和去唤醒。"

用,这两者之间一定存在差异。换句话说,一直潜伏在我们心灵中的模糊不清的想法,可能变得非常清晰(见第183页注释①),此时,它们能够提升我们的感知。例如,

> 一位艺术精湛的专业画家会观察到艺术作品的精巧和奇妙之处,他会因为画中的几个笔画和阴影而怡情悦性,然而,对于一般的人来说,这些地方没有任何异常之处。一位音乐家听一群真正的音乐家演奏由多部分组成的优秀作品时,那和谐的旋律,会令他如痴如醉,而普通人对此将没有任何感觉(库德沃思,同上,第446页;库德沃思1996:第109页)。

正是"习得的技能"在这里起到了关键作用;"这两类艺术家的心中对技能和艺术都有一些预期",这使得他们在解读数据的时候,不是被动地把它们看作"纯粹的噪音、声音和咔哒声"。这就如博学的人能用"内部对称性与和谐性"来解释"宇宙的重要机器",这种"内部对称性与和谐性"存在于尘世系统的各种事物之间的关系、比例、作用和对应中(同上)。同样,在观看和"评判"朋友的照片时,人们会用到"陌生的、偶然才有的想法",但这些想法一定是先前已经存在的(第456-457页;库德沃思1996:第109页)。然而,从理性主义学说的角度来看,一旦注意到学习和感知的这一差异,这两者所涉及认知过程的相似性的重要意义就会大于表面的差异。由于这一原因,常常不清楚所讨论的到底是感知中的心灵活动还是习得中的心灵活动——换言之,就感官而言,是选择一个已经明显不同的观念,还是把之前模糊不清和蕴含其中的观念区分开来。

在《对一个纲要的评注》(1648)中,笛卡尔明确地总结了自己的认知理论:

> ……如果我们牢记感官的范围以及借助感官进入到我们思维器官的确切内容,我们就必须承认,感官呈现给我们的事物观念绝对不像思维中形成的事物观念。它们之间的差别非常大,因此,我们观念中没有什么东西不是心灵或思维器官所固有的,唯一的例外与经验有关。例如,我们断定我们心灵现在所浮现的这个或那个想法指代的是我们身外的某个东西。我们做出这样的判断,不是因为这些东西通过感觉器官将观念传入我们的心灵,而是因为就在那一刻,它们传递的东西给心灵一个机会,从而使得心灵能够借助固有的官能形成这些观念。除了某些身体运动之外,所有事物都无法从外部物体通过感觉器官进入我们的大脑……但是我们对运动本身以及由于运动而产生的各种形状的想象并不等同于它们在感觉器官中呈现的样子……因此,运动和形状的观念都是我们与生俱来的。如果在身体运动之际,我们的大脑能表征它们,那么痛苦、颜色和声音之类的观念更应该是天生的:因为这些观念与身体运动之间没有相似之处。谁能想象出比以下观点能荒谬的吗:我们大脑中所有的普通观念都源自这些运动,没有这些运动,它们就无法存在?我希望我们的作者能告诉我,什么身体运动能够形成某种普通观念,如"跟第三个事物都相等的事物,彼此之间也相等"或其他想要获得的观点。因为所有此类运动都是特殊的,而普通的观念是普遍的,与运动没有关系或关联

(CSM I,第 304-305 页)。

卡德沃思用大量篇幅论证了类似的观点。[1] 他把感官的、本质上是被动的能力跟主动的、天生的"认知力"区别开。借助后者,人(且只有人)"能够理解和判断我们用感觉所接触到的外部信息。"这一认知力不仅仅是思想的储存室,还是一种能力,这种能力可以提出关于事物的、可以理解的想法和观念(第 425 页;库德沃思 1996:第 75 页)。感觉的功能就是"为我们的心灵提供或者呈现某种客体,从而创造机会让心灵开始活动。"例如,我们放眼大街,看到人们在走路,此时,我们不仅仅依赖感觉(感觉最多只是为我们提供一些表象——即帽子、衣服——实际上,有时,甚至连物体都不是),还依赖理解力,这种理解能力会运用于感知到的材料。(第 409-410 页;库德沃思 1996:第 57-59 页)[2]。"借助可理解的形式(intelligent form),我们可以理解或认识事物,然而,这些可理解的

---

[1] 对于库德沃思和笛卡尔之间的关系,参见帕斯莫尔(同上)和吉斯(同上);对于更一般的背景知识,参见兰普雷特(S. P. Lamprecht):"笛卡尔在十七世纪英格兰的角色"(The Role of Descartes in Seventeenth-century England),*Studies in the History of Ideas*, vol. III (New York: Columbia University Press, 1935), pp. 181-242。帕斯莫尔总结道(《拉尔夫·库德沃思》,第 8 页)尽管库德沃思和笛卡尔之间存在分歧,但是"它仍然是笛卡尔主义者,因为在很多重要议题上他们的观点都非常一致。"

[2] 参看笛卡尔:《沉思集》II, CSM, 21:我们知道我们所看到的不是"来自我们的双眼,而是来自我们心灵的审视和辨析。"

但是如果我望向窗外,看到人们正在穿过广场……通常我会说我看到人们本身……然而,除了看到帽子和外套,这些帽子和外套能够挡住机械地移动的物体,我还看到其他东西了吗? 我判断他们是人。因此,我认为我用眼睛看到的东西,事实上仅仅是我心灵中的判断能力所理解的内容。

形式并不是外部被动地印在我们灵魂中的印记或印象,而是我们灵魂内部积极发挥作用或向外拓展的观念。"因此,是先前的知识和背景知识决定了我们所看到的东西(例如,人群中一张熟悉的面孔)(第423-424页;库德沃思1996:第74页)。"亚里士多德曾说道,正是因为我们在感知中使用了智性观念,相较于那些跟具体的、物质的东西密切相关的知识,更抽象的、更远离于物质的知识显得更加准确,更易理解、也更为明晰(第427页;库德沃思1996:第78页)。[1] 对几何图形概念的讨论可以阐释这一主张(第455-456页;库德沃思1996:第103页以下)。很明显,每个被感知的三角形都是不规则的,如果有个三角形从物理学的角度上来说是完美的,我们的感觉也不能发现它。"每个不规则的、不完美的三角形就和最完美的三角形一样完美。"由于我们是用规则形状来判断外部客体,因此,我们的"规则形状"的观念就源自于"规则、模式和范例",它们是作为一种"期待"在心灵中产生的。三角形的观念或"规则的、比例适当的和对称的形状"的观念并不是教会的,它们"源于自然本身"。一般来说,人类对"物体完美和畸形"的观念也是如此。几何的先验真理也不能从感觉中得出。只有借助"天生的认知力"所产生的"内在观念",心灵才可以认识和理解所有外在的个体"(第482页;库德沃思1996:第101-128页及其他各章节)。

笛卡尔在《对第五组反驳的答辩》中用非常类似的术语讨论了

---

[1] 然而,"我们对有形物体的思想通常既有思考的成分,也有幻想的成分",这可以解释为什么几何学家要依赖于图表,也可以解释为什么"在言语中,隐喻和寓言极受欢迎"[第430,468页;库德沃思1996:第81页(引文出自这一页),第121页(此页有几何学的方面的参考文献)]。

同一问题：

在孩提时代，我们第一次看到纸上画着的三角形时，这个形状不可能告诉我们，该如何想象几何学所研究的真正的三角形，因为真正的三角形仅包含在形状中，这就如同水星的雕像包含在一块粗糙的木头中。但是，因为真正三角形的观念已经在我们心中，相对于纸上绘制的复杂的三角形的形状，我们的心灵更容易想象出真正的三角形，所以当我们看到复杂形状时，我们并没有理解我们所看到的形状，我们理解的是真正的三角形（CSM II，第 262 页）。

库德沃思认为，按照客体和客体之间的关系、因果关系、整体-部分关系、对称、比例，物体的功能以及（对于所有"人造的物体"或"混合的自然物体"）它们的主要用途和道德判断等解读感官材料，这是心灵组织活动的结果（第 433-434 页；库德沃思 1996：第 83-100 页）。事物（如旋律）的统一性也是如此；感觉就像一个"狭窄的望远镜"，它只提供零碎和连续的镜像。只有心灵可以给出一个全面的观念，它包含所有的组成部分，它们之间的关系、比例和形质（Gestalt qualities）。正是在这个意义上，我们不会说一个可理解的观念是"外部留给灵魂的印记或印象"，我们会说，它是智性本身内在的、活跃的综合力量所激发的合理想法（第 439 页；库德沃思 1996：第 91 页）[1]。

---

[1] 库德沃思以类似的方式得出了如下结论：我们的知识是作为一种"演绎系统"

在 17 世纪，此类关于感知的看法非常普遍，但它们却被经验主义者的洪流所淹没，直至康德和浪漫主义者出现，它们才得以复活。[①] 譬如，对于感知的主动过程，柯勒律治谈论道：

> 最普通的观察者也能注意到，给予心灵的知识能加快并促进官能的运作，借助官能，这类知识可以独立获得。不管是心灵的官能还是感觉的官能，情形都是如此……若一个声音或物体跟我们的预期之间存在一丝相似之处，我们就可以理解它们；若之前没有得到类似的提示，那么若有一点偏差或瑕疵，整个东西就会令人感到困惑、无法识别或产生误解，这真的非常奇妙。因此，对不了解一种语言的人来说，本族语者说话的语速都太快了；对那些刚能理解这种语言的人来说，本族人说话比较模糊，理解起来会比较痛苦。[②]

大自然呈现给我们各种物体，它就不会诱发我们做出一些行为吗？它在任何情况下呈现给我们的就是都完美的，且似乎

组织起来的，借助这一系统，"我们从心灵的普遍观念向下推演出对个体事物的理解，而不是通过感觉从个体向上去感知普遍的观念。这种观点属于典型的理性主义"（第467页；库德沃思1996：第120页，参见第113-114页）。

[①] 有关这一认知过程理论在浪漫主义美学中的重要性，以及它在早期思想中的源头，特别是在普罗提诺斯思想中的源头，参见艾布拉姆斯的《镜与灯》。普罗提诺斯"明确反对将感觉的概念看作是在被动心灵上留下的'印记'或'印签'，他把心灵看作是一种行为或力量，它能够将'自己的光芒'照射到感觉的对象上"（第59页）。洛夫乔伊在《康德和英国的柏拉图主义者》(*Kant and the English Platonists*) 中讨论过康德与 17 世纪英国哲学的相似之处。

[②] 引自辛德尔：《柯勒律治论逻辑和学习》(*Coleridge on Logic and Learning*, New Haven: Yale University Press, 1929)，第 133-134 页。

是标准的吗？这可能是最没有头脑的人的观点……倘若仅能识别事物的话，那么对于我们决定要关注的事物，我必定会有某种设计或总体轮廓……①

由于洪堡特，这些想法才能以最为清晰的方式运用于话语的感知和解读。他说道，言语的感知和不分节音的感知之间存在着根本区别（参见第115页注释②）。对于后者，有"动物的感官能力"就足够了。但人类言语的感知不仅仅是"发现声音和它所指事物之间的相互联系"（Verschiedenheit 70页；洪堡特1999：第57页）。一方面，一个词并不是"物体本身的印象，而是灵魂中出现的图像的印象"（第74页）。再者，言语的感知需要用基础成分来分析即将出现的信号，这些成分在具有创造性的言语生产行为中发挥作用。因此，它需要激活在言语产出中也发挥作用的生成系统，因为成分和成分之间的关系就是用这些固定的规则来定义的。鉴于此，基础的"生成规则"必定在语音感知中起作用。如果不是因为掌握了这些规则，如果不是因为能把"每种可能性都变为现实"，我们的心灵将不能处理分节的言语的内在机制，这就如同盲人不能感知颜色一样。因此，感知机制和言语产出机制必须利用基础的生成规则系统。正是因为说话者和听话者具有几乎相同的基础系统，交际才可以进行。说话者和听话者具有同一个生成系统，这最终可追溯到人性的一致性（参见上文第101-102页和第187页注释①）。简而言之，

---

① 引自辛德尔：《柯勒律治论逻辑和学习》，第116页。

理解在心灵中只能借助人本身的活动进行。其实，理解和说话只是这种言语能力的不同作用。一起交谈绝不等同于相互之间传递语言材料。理解者必须像说话者一样，借助自己内在的力量来把握同一语言材料。理解者所感知到的只是能够引发相同感受的刺激……语言就是以这种方式整体存在于每个人身上。这就意味着，在每个人身上都表现出一种受到某一确定的力量调节、推动或制约的倾向：在外部和内部因素的诱导下，个人逐渐从自身中产生出整个语言，或者使语言为他人所理解。

人类本性是统一的，只是表现为分离存在的一些个体特征。假如在个体差异中不存在同一的人类本性，就如我们刚才所指出的那样，理解就不能依赖于自发的内在力量，共同的言语交流也不能仅仅通过唤起听话者的语言能力来进行（第70页；洪堡特1999：57[有改动]）。

即使是感知单个词语，也必须激活潜在的规则生成系统。洪堡特坚持认为，假设说话者和听话者共享大量清晰、完整的概念，这不准确。相反，我们感知到的声音会激发心灵通过自己的方式来产生相应的概念：

[人们]能够相互理解，并不是因为他们完全依赖符号表达事物，也不是因为他们相互制约，准确、完整地产生出同样的概念，而是因为他们互相都在对方的身上触动了感性观念和内在概念链条上的同一环节，击中了各自的精神乐器的同一音

符。所以，各自形成的其实并不是同一概念，而是相对应的概念。(第213页；洪堡特1999：第152页)

简而言之，语音感知需要在内部生成信号的表征和其相关的语义内容的表征。

当代的感知研究又重新回来探讨内在表征的图式或模型[①]的作用，并开始详细阐述其更深刻的见解，即并不仅仅是大量的图式在感知中发挥着作用，而是生成这一图式的固定规则系统在感知中发挥着作用。[②] 从这个角度上来说，把当前的研究描述为笛卡尔语言学传统和心理学传统的延续，就再恰当不过了。

---

① 参见的文献，如麦克凯(D. M. MacKay)："人工物品中的类心灵行为"(Mindlike Behavior in Artefacts), *British Journal for Philosophy of Science* 2 (1951), 105-121；布鲁纳(J. S. Bruner)："论知觉阅读"(On Perceptual Readiness), *Psychological Review* 64 (1957), pp.123-152, "知觉的神经机制"(Neural Mechanisms in Perception), *Psychological Review* 64 (1957), pp. 340-358。有的文献回顾了跟感知的核心过程相关的一些研究发现，参见特尤贝尔(H. L. Teuber)："论知觉"(Perception), in the *Handbook of Physiology, Neurophysiology*, ed. J. Field, H. W. Magoun, V. E. Hall (Washington: American Physiological Society, 1960), vol. III, chap. LXV. [自1966年后，对感知的科学研究仍在继续探讨这一主题；现在相关文献浩如烟海。乔姆斯基有时会参考Marr 1981。]

② 有关韵律和句法的讨论及参考文献，见哈勒和斯蒂文森(M. Halle & K. N. Stevens)："言语认知：一个研究模型和纲领"(Speech Recognition: A Model and a Program for Research), 载福多和卡茨编：《语言的结构》(*Structure of Language*)；米勒和乔姆斯基(G. A. Miller and N. Chomsky)："语言使用者的有限模型"(Finitary Models of Language Users), pt. II, in *Handbook of Mathematical Psychology*, ed. R. D. Luce, R. Bush, and E. Galanter (New York: John Wiley, 1963), vol. II。

总　　结

再回头看本文讨论开始之前的怀特海的那句话。似乎经过长时间的中断，语言学和认知心理学现在把注意力又转向语言结构和心理过程的研究，这些研究部分源于那个"充满天才的世纪"，部分是在那个世纪又重新焕发了活力，直到19世纪，这些研究才得到充分的发展。语言使用的创造性也再次成为语言学关注的核心议题，17和18世纪所勾勒的普遍语法理论在转换生成语法理论中焕发了生机并得到详细的阐述。由于重新开始研究语言规则系统所遵守的普遍形式条件，所以就有可能再次对于特定语言中所发现的现象和在实际中话语中所观察到的现象做更深层次的解释。有些简单的语言事实长期被忽视。例如，说话者知道很多他未曾学过的东西，我们不可能以任何清晰、合理的方式用"刺激控制"、"调节"、"概括和类比"、"模式"和"习惯结构"，或"应对的倾向"之类的被过度滥用的术语来解释说话者正常的语言行为。当代研究开始直面这些事实，不仅在语言结构研究上，而且在语言习得的前提条件的研究上，以及在对内化规则的抽象系统的感知功能的研究上，都采取全新的视角。这里，我对笛卡尔语言学和由此而引发的心灵理论做了总结。在这个总结中，我已经尝试表明，这部著作所揭示的大部分内容在早期研究中已经有了暗示，有的甚至有非常清晰的阐释。可惜，这些研究现在大多已被遗忘了。

  这里所做的概述非常碎片化，因此，在一些方面可能具有误导性。牢记这一点非常重要。一些重要人物——如康德——未被提及，或讨论不够充分。由于这篇概述在组织的时候，是沿着当今的研究兴趣去追溯之前的某些观点，而不是系统介绍这些思想出现并得以充分发展的背景信息，所以在介绍的过程中，一些观点可能会失真。这里我更多的是强调这些思想和当今研究的相似之处，而忽视了它们之间的分歧和矛盾。在我看来，尽管如此，即便是这样不系统的概括也足以表明，语言学理论不能得到连续发展，真是贻害无穷；仔细审视经典的语言学理论以及相关的心理过程理论，可能是一项非常具有价值的事业。

参考书目

Aarslef, H. "Leibniz on Locke on Language," *American Philosophical Quarterly*, vol. 1, 1964, pp. 1–24.

Abrams, M. H. *The Mirror and the Lamp*. Oxford University Press, Fair Lawn, N. J., 1953.

Aristotle. *De Interpretatione.*

——, *De Anima.*

Arnauld, A., and C. Lancelot. *General and Rational Grammar: The Port-Royal Grammar*, trans. J. Rieux and B. E. Rollin. Mouton, The Hague, 1975. (PRG)

Arnauld, A., and P. Nicole. *La logique, ou l'art de penser*, 1662.

——, *The Art of Thinking: Port-Royal Logic*, trans. J. Dickoff and P. James. Bobbs-Merrill, Indianapolis, 1964.

——, *Logic or The Art of Thinking*, trans. J. V. Buroker. Cambridge University Press, Cambridge, 1996. (PRL)

Bacon, R. *Grammatica Graeca.*

Baker, Mark C. *The Atoms of Language*. Basic Books, New York, 2001.

Bayle, F. *The General System of the Cartesian Philosophy*, 1669.

Bayle, P. *Dictionnaire historique et critique*, 1697. Trans. R. H. Popkin, Historical and Critical Dictionary. Bobbs-Merrill, Indianapolis, 1965.

Beauzée, N. *Grammaire générale, ou exposition raisonnée des éléments nécessaires du langage*, 1767; rev. edn., 1819.

Bentham, J. *Works*, ed. J. Bowring. Russell and Russell, New York, 1962.

Berthelot, R. *Science et philosophie chez Goethe*. F. Alcan, Paris, 1932.

Bloomfield, L. *Language*. Holt, Rinehart and Winston, New York, 1933.

Bougeant, G. H. *Amusement philosophique sur le langage des bestes*, 1739.

Brekle, H. E. "Semiotik und linguistische Semantik in Port-Royal," *Indogermanische Forschungen*, vol. 69, 1964, pp. 103-121.

Brown, R. L. "Some Sources and Aspects of Wilhelm von Humboldt's Conception of Linguistic Relativity," unpublished doctoral dissertation, University of Illinois, 1964.

Bruner, J. S. "On Perceptual Readiness," *Psychological Review*, vol. 64, 1957.

Brunot, F. *Histoire de la langue française*. Armand Colin, Paris, 1924.

Buffer, C. Grammaire françoise sur un plan nouveau, 1709.

Carmichael, L. "The Early Growth of Language Capacity in the Individual," in E. H. Lenneberg (ed.), *New Directions in the Study of Language*. M.I.T. Press, Cambridge, Mass., 1964.

Cassirer, E. *Philosophie der symbolischen Formen*, 1923. Trans. *The Philosophy of Symbolic Forms*. Yale University Press, New Haven, Conn., 1953.

Chomsky, N. *Morphophonemics of Modern Hebrew*. 1949 University of Pennsylvania undergraduate thesis, revised as 1951 MA thesis. Garland Publishing, New York, 1951/1979.

——, *Syntactic Structures*. Mouton and Co., The Hague, 1957.

——, "Review of B. F. Skinner, *Verbal Behavior*," *Language*, vol. 35, 1959, pp. 26-58. Repr. with added preface in L. Jakobovits and M. Miron (eds.), *Readings in the Psychology of Language*. Prentice-Hall, Englewood Cliffs, N.J., 1967.

——, "Explanatory Models in Linguistics," in E. Nagel et al. (eds.), *Logic, Methodology, and Philosophy of Science*. Stanford University Press, Stanford, Calif., 1962.

——, *Current Issues in Linguistic Theory*. Mouton and Co., The Hague, 1964. Repr. in part in Fodor and Katz, *The Structure of Language*.

——, *Aspects of the Theory of Syntax*. M.I.T. Press, Cambridge, Mass., 1965.

——, *The Sound Pattern of English* (with Morris Halle). Harper and Row,

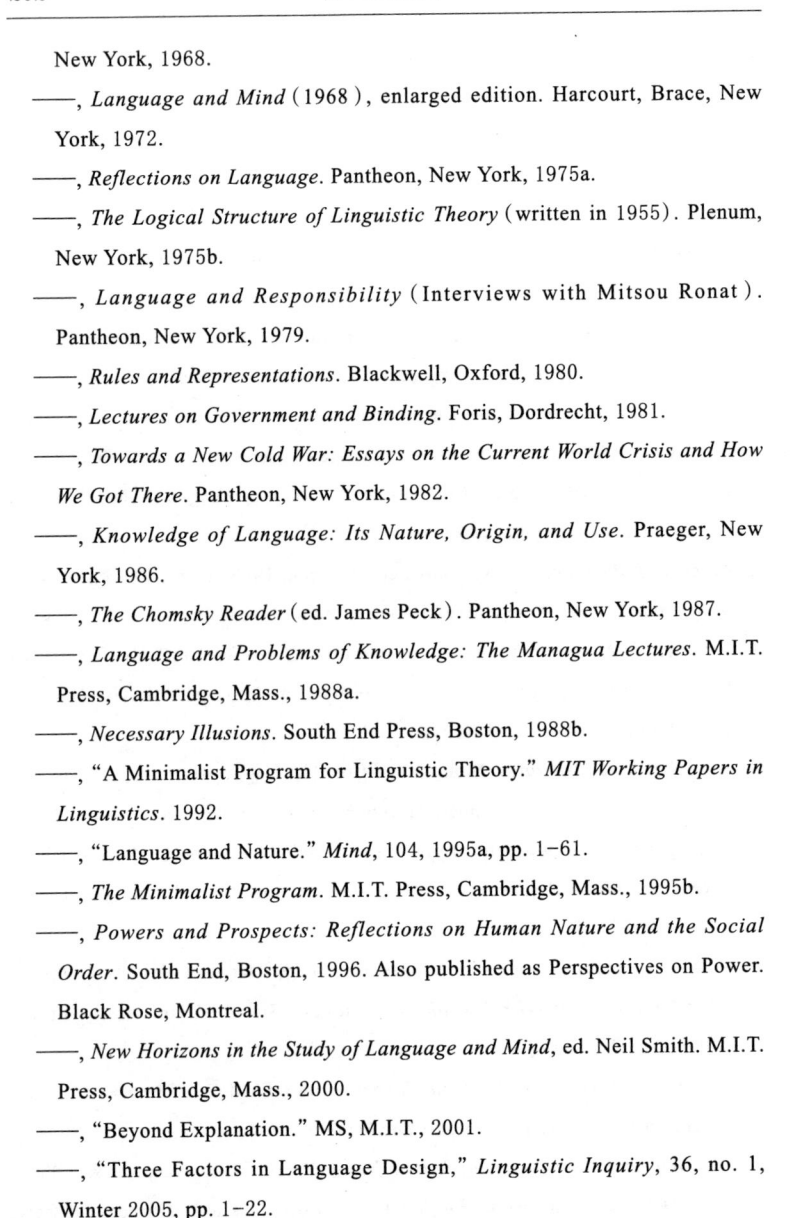

New York, 1968.

——, *Language and Mind* (1968), enlarged edition. Harcourt, Brace, New York, 1972.

——, *Reflections on Language*. Pantheon, New York, 1975a.

——, *The Logical Structure of Linguistic Theory* (written in 1955). Plenum, New York, 1975b.

——, *Language and Responsibility* (Interviews with Mitsou Ronat). Pantheon, New York, 1979.

——, *Rules and Representations*. Blackwell, Oxford, 1980.

——, *Lectures on Government and Binding*. Foris, Dordrecht, 1981.

——, *Towards a New Cold War: Essays on the Current World Crisis and How We Got There*. Pantheon, New York, 1982.

——, *Knowledge of Language: Its Nature, Origin, and Use*. Praeger, New York, 1986.

——, *The Chomsky Reader* (ed. James Peck). Pantheon, New York, 1987.

——, *Language and Problems of Knowledge: The Managua Lectures*. M.I.T. Press, Cambridge, Mass., 1988a.

——, *Necessary Illusions*. South End Press, Boston, 1988b.

——, "A Minimalist Program for Linguistic Theory." *MIT Working Papers in Linguistics*. 1992.

——, "Language and Nature." *Mind*, 104, 1995a, pp. 1–61.

——, *The Minimalist Program*. M.I.T. Press, Cambridge, Mass., 1995b.

——, *Powers and Prospects: Reflections on Human Nature and the Social Order*. South End, Boston, 1996. Also published as *Perspectives on Power*. Black Rose, Montreal.

——, *New Horizons in the Study of Language and Mind*, ed. Neil Smith. M.I.T. Press, Cambridge, Mass., 2000.

——, "Beyond Explanation." MS, M.I.T., 2001.

——, "Three Factors in Language Design," *Linguistic Inquiry*, 36, no. 1, Winter 2005, pp. 1–22.

——, "Approaching UG from Below," in *Interfaces + Recursion = Language?: Chomsky's Minimalism and the View from Syntax-Semantics*, Uli Sauerland and Hans-Martin Gartner (eds.). Mouton de Gruyter, Berlin, New York, 2007.

——, forthcoming. *Of Minds and Language: A Dialogue with Noam Chomsky in the Basque Country*, ed. Piattelli-Palmarini, M., J. Uriagereka, and P. Salaburu. Oxford University Press, Oxford, 2009.

Chomsky, N., and M. Halle. *The Sound Pattern of English*. Harper and Row, New York, 1968.

Chomsky, N., M. Halle, and F. Lukoff. "On Accent and Juncture in English," in *For Roman Jakobson*. Mouton, The Hague, 1956.

Chomsky, N., and E. Herman. *The Political Economy of Human Rights*, vol. I: *The Washington Connection and Third Word Fascism*. South End Press, Boston, 1978.

——, *The Political Economy of Human Rights*, vol. II: *After the Cataclysm: Postwar Indochina and the Reconstruction of Imperial Ideology*. South End Press, Boston, 1979.

——, *Manufacturing Consent: The Political Economy of the Mass Media*. Pantheon, New York, 1988.

Coleridge, S. T. "Lectures and Notes of 1818," in T. Ashe (ed.), *Lectures and Notes on Shakespeare and Other English Poets*. G. Bell & Sons, London, 1893.

Cordemoy, Géraud de. *Discours physique de la parole*, 1666. 2nd edn., 1677; English trans., 1668.

Couturat, L., and L. Leau. *Histoire de la langue universelle*. Paris, 1903.

Cowan, M. *Humanist without Portfolio*. Wayne State University Press, Detroit, 1963.

Cowie, F. *What's Within?* Oxford University Press, Oxford, 1999.

Cudworth, R. *Treatise Concerning Eternal and Immutable Morality*. American edn. of Works, ed. T. Birch, 1838.

——, *A Treatise Concerning Eternal and Immutable Morality*, ed. S. Hutton. Cambridge University Press, Cambridge, 1996.

Curtiss, S. *Genie: A Psycholinguistic Study of a Modern Day "Wild Child"*. Academic Press, London, 1976.

D'Alembert, J. *Éloge de du Marsais*.

Descartes, R. *The Philosophical Writings of Descartes* (2 vols.), trans. John Cottingham, Robert Stoothoff, and Dugald Murdoch. Cambridge University Press, Cambridge, 1984–1985. (CSM)

The Philosophical Writings of Descartes, vol. III: *The Correspondence*, trans. John Cottingham, Robert Stoothoff, Dugald Murdoch, and Anthony Kenny. Cambridge University Press, Cambridge, 1991. (CSMK)

The Philosophy of Descartes. Holt, Rinehart and Winston, New York, 1892.

"Correspondence," trans. L. C. Rosenfield (L. Cohen), *Annals of Science*, vol. 1, no. 1, 1936.

Diderot, D. *Lettre sur les sourds et muets*. 1751.

Du Marsais, César Chesneau. *Véritables principes de la grammaire*, 1729.

Logique et principes de grammaire. Paris, 1769.

Elders, Fons (ed.) *Reflexive Water: The Basic Concerns of Mankind*. Souvenir Press, London, 1974.

Fiesel, E. *Die Sprachphilosophie der deutschen Romantik*. Mohr, Tübingen, 1927.

Flew, A. "Introduction" to *Logic and Language*, First Series. Blackwell, Oxford, 1951.

Fodor, J. A. "Could Meaning Be an 'r_m'?" *Journal of Verbal Learning and Verbal Behavior,* vol. 4, 1965, pp. 73–81.

——, *Psychological Explanation*. Random House, New York, 1968.

"The Present Status of the Innateness Controversy," in Fodor, *Representations*. M.I.T. Press, Cambridge, Mass., 1982.

——, *Concepts: Where Cognitive Science Went Wrong*. Oxford University Press, New York, 1998.

Fodor, J. A., and J. J. Katz. *The Structure of Language: Readings in the Philosophy of Language*. Prentice-Hall, Englewood Cliffs, N.J., 1964.

Frege, Gottlob. "Über Sinn und Bedeutung," *Zeitschrift für Philosophie und philosophische Kritik*, 100, 1892, pp. 25–50.

Galileo. G. *Dialogo dei due massimi sistemi del mondo*, 1630. Trans. *Dialogue on the Great World Systems*. University of Chicago Press, Chicago, 1953.

Gallistel, C. R. *The Organization of Learning*. M.I.T. Press, Cambridge, Mass., 1990. (with John Gibbon). *Symbolic Foundations of Conditioned Behavior*. L. Erlbaum Mahwah, N.J., 2002.

Gould, S. J., and R. Lewontin. "The Spandrels of San Marco and the Panglossian Paradigm: A Critique of the Adaptationist Programme," in *Proceedings of the Royal Society of London B* 205 (1161), 1979, pp. 581–598.

Grammont, M. "Review of A. Gregoire, 'Petit traité de linguistique,'" *Revue des langues romanes*, vol. 60, 1920.

——, *Traité de phonétique*. Delagrave, Paris, 1933.

Gunderson, K. "Descartes, La Mettrie, Language and Machines," *Philosophy*, vol. 39, 1964.

Gysi, L. *Platonism and Cartesianism in the Philosophy of Ralph Cudworth*. Herbert Lang, Bern, 1962.

Halle, M., and K. N. Stevens. "Speech Recognition: A Model and a Program for Research," in Fodor and Katz, *Structure of Language*.

Harnois, G. "Les théories du langage en France de 1660 à 1821," *Études Françaises*, vol. 17, 1929.

Harris, J. *Works*, ed. *Earl of Malmesbury*. F. Wingrove, London, 1801.

Harris, Z. S. "Co-occurrence and Transformation in Linguistic Structure," *Language*, vol. 33, 1957, pp. 283–340. Repr. in Fodor and Katz, *Structure of Language*.

Hauser, M., N. Chomsky, and W. T. Fitch. "The Faculty of Language: What Is It, Who Has It, and How Did It Evolve?" *Science*, 298, 2002, pp. 1569–1579.

Herbert of Cherbury. *De Veritate*, 1624. Trans. M. H. Carré, *On Truth*, University of Bristol Studies No. 6, 1937.

Herder, J. G. *Abhandlung über den Ursprung der Sprache*, 1772. Repr. in part in E. Heintel (ed.), *Herder's Sprachphilosophie*. Felix Meiner Verlag, Hamburg, 1960.

——, *Ideen zur Philosophie der Geschichte der Menschheit*. 1784-1785.

——, *Essay on the Origin of Language*, trans. Alexander Gode, in *On the Origin of Language*, trans. John H. Moran and Alexander Gode. University of Chicago Press, Chicago, 1966.

Hockett, C. F. *A Course in Modern Linguistics*. Macmillan, New York, 1958.

Huarte, J. *Examen de Ingenios*, 1575. English trans. Bellamy, 1698.

Humboldt, Wilhelm von. *Ideen zu einem Versuch die Grenzen der Wirksamkeit des Staats zu bestimmen*, 1792. Trans. in part in Cowan, Humanist without Portfolio, pp. 37-64.

——, *Über die Verschiedenheit des Menschlichen Sprachbaues*, 1836. Facsimile edn. F. Dümmlers Verlag, Bonn, 1960.

——, *On Language: The Diversity of Human Language Construction and Its Influence on the Mental Development of the Human Species*, 2nd edn., ed. M. Lomansky, trans. P. L. Heath. Cambridge University Press, Cambridge, 1999.

Jenkins, Lyle. *Biolinguistics*. Cambridge University Press, Cambridge, 2000.

Jespersen, O. *The Philosophy of Grammar*. George Allen & Unwin, London, 1924.

Joos, M. (ed.) *Readings in Linguistics*. ACLS, Washington, 1957.

Katz, J. J. "Mentalism in Linguistics," *Language*, vol. 40, 1964, pp. 124-137.

Philosophy of Language. Harper & Row, New York, 1965.

Katz, J. J., and P. M. Postal. *An Integrated Theory of Linguistic Descriptions*. M.I.T. Press, Cambridge, Mass., 1964.

Kirkinen, H. "Les origines de la conception moderne de l'homme-machine," *Annales Academiae Scientiarum Fennicae*, Helsinki, 1961.

Kretzmann, N. "History of Semantics," in P. Edwards (ed.), *Encyclopedia of*

Philosophy. Macmillan, New York, 1967.

La Mettrie, J. O. de. *L'homme-machine*, 1747. Critical edition, ed. A. Vartanian, Princeton University Press, Princeton, N.J., 1960.

——, *Man a Machine*. Open Court, La Salle, 1912. (MaM)

——, *Machine Man and Other Writings*, ed. A. Thomson. Cambridge University Press, Cambridge, 1996.

Lamprecht, S. P. "The Role of Descartes in Seventeenth-century England," *Studies in the History of Ideas*, vol. III. Columbia University Press, New York, 1935.

Lamy, B. *De l'art de parler*, 1676.

Lancelot, C., and A. Arnauld. *Grammaire générale et raisonnée*, 1660. Facsimile repr. The Scolar Press, Menston, England, 1967.

Lees, R. B. *Grammar of English Nominalizations*. Mouton, The Hague, 1960.

Leibniz, G. W. *Discours de métaphysique*, 1686. Trans. in *Leibniz: Discourse on Metaphysics and Correspondence with Arnauld*, ed. G. R. Montgomery. Open Court, La Salle, Ill., 1902.

——, *Nouveaux essais sur l'entendement humain*, 1765. Trans. *New Essays Concerning Human Understanding*, ed. A. G. Langley. Open Court, La Salle, Ill., 1949.

Leitzmann, A. (ed.) *Briefwechsel zwischen W. von Humboldt und A. W. Schlegel*. Halle a. S., 1908.

Lenneberg, E. H. "A Biological Perspective of Language," in E. H. Lenneberg (ed.), *New Directions in the Study of Language*. M.I.T. Press, Cambridge, Mass., 1964.

——, *Biological Foundations of Language*. John Wiley, New York, 1967.

Livet, Ch.-L. *La grammaire française et les grammairiens du XVIe siècle*. Paris, 1859.

Lovejoy, A. O. "Kant and the English Platonists," in *Essays Philosophical and Psychological in Honor of William James*. Longmans, Green, New York, 1908.

The Great Chain of Being. Harper, New York, 1936.

Lyons, G. *L'idéalisme en Angleterre au XVIIIe siècle*. Paris, 1888.

MacKay, D. M. "Mindlike Behavior in Artefacts," *British Journal for Philosophy of Science*, vol. 2, 1951.

Magnus R. *Goethe als Naturforscher*. Barth, Leipzig, 1906. Trans. *Goethe as a Scientist*. New York, 1949.

Marr, David. *Vision*. New York: W.H. Freeman, 1982.

Marx, K. *Critique of the Gotha Program*, 1875.

Economic and Philosophic Manuscripts, 1844. Trans. in E. Fromm (ed.), *Marx's Concept of Man*. Ungar, New York, 1961.

McGilvray, J. *Chomsky: Language, Mind, and Politics*. Polity (Blackwell), Cambridge, 1999.

——, (ed.) *Cambridge Companion to Chomsky*. Cambridge University Press, Cambridge, 2005.

McIntosh, Margaret M. C. "The Phonetic and Linguistic Theory of the Royal Society School," unpublished B. Litt. thesis. Oxford University, 1956.

Mendelsohn, E. "The Biological Sciences in the Nineteenth Century: Some Problems and Sources," *History of Science*, vol. 3, 1964.

Mill, J. S. *Rectorial Address at St. Andrews*. 1867.

Miller, G. A., and N. Chomsky. "Finitary Models of Language Users," in R. D. Luce et al. (eds.), *Handbook of Mathematical Psychology*, vol. II. John Wiley, New York, 1963.

Morris, William C., G. W. Cottrell, and J. Elman. "A Connectionist Simulation of the Empirical Acquisition of Grammatical Relations." In S. Wermter and R. Sun (eds.), *Hybrid Neural Systems*. Springer Verlag, Berlin, 2000, pp. 179-193.

Passmore, J. *Ralph Cudworth*. Cambridge University Press, New York, 1951.

Pinker, S. *The Language Instinct*. New York: Harper Perennial, 1995.

Postal, P. M. *Constituent Structure*. Mouton, The Hague, 1964.

"Underlying and Superficial Linguistic Structures," *Harvard Educational*

Review, vol. 34, 1964.

Prinz, Jesse. *Furnishing the Mind: Concepts and Their Perceptual Basis.* M.I.T. Press, Cambridge, Mass., 2002.

Proudhon, P.-J. *Correspondence,* ed. J.-A. Langlois. Librairie Internationale, Paris, 1875.

Quine, W. V. O. *Word and Object.* John Wiley, New York, and M.I.T. Press, Cambridge, Mass., 1960.

——, *Ontological Relativity and Other Essays.* Columbia University Press, New York, 1969.

——, *The Roots of Reference.* Open Court, LaSalle, Ill., 1974.

Rai, Milan. *Chomsky's Politics.* Verso, London, 1995.

Reid, Thomas. *Essays on the Intellectual Powers of Man,* 1785.

Robinet, J. B. *De la Nature,* 1761-1768.

Rocker, R. *Nationalism and Culture,* trans. R. E. Chase. Freedom Press, London, 1937.

Rosenfield, L. C. *From Beast-Machine to Man-Machine.* Oxford University Press, Fair Lawn, N.J., 1941.

Rousseau, Jean-Jacques. *Discourse on the Origins and Foundations of Inequality among Men,* 1755. Trans. in R. D. Masters (ed.), *The First and Second Discourses,* St. Martin's Press, New York, 1964.

Ryle, G. *The Concept of Mind.* Hutchinson, London, 1949.

Sahlin, G. *César Chesneau du Marsais et son rôle dans l'évolution de la grammaire générale.* Presses-Universitaires, Paris, 1928.

Sainte-Beuve, Ch.-A. *Port Royal,* vol. III, 2nd edn. Paris, 1860.

Schlegel, August Wilhelm. "Briefe über Poesie, Silbenmass und Sprache," 1795, in *Kritische Schriften und Briefe,* vol. I, *Sprache und Poetik.*W. Kohlhammer Verlag, Stuttgart, 1962.

——, *Kritische Schriften und Briefe,* vol. II, *Die Kunstlehre,* 1801. W. Kohlhammer Verlag, Stuttgart, 1963.

——, *Vorlesungen über dramatische Kunst und Literatur,* 1808. Trans.

Lectures on Dramatic Art and Literature. G. Bell & Sons, London, 1892.

——, "De l'étymologie en générale," in E. Böcking (ed.), Œuvres écrites en français. Leipzig, 1846.

Schlegel, Friedrich von. *Geschichte der alten und neuen Literatur*, 1812.

Skinner, B. F. *Verbal Behavior*. Appleton-Century-Crofts, New York, 1957.

Smith, Adam. *Considerations Concerning the First Formation of Languages, The Philological Miscellany*, vol. I, 1761.

Smith, Neil. *Chomsky: Ideas and Ideals*. Cambridge University Press, Cambridge, 1999.

Smith, Neil, and I.-M. Tsimpli. *The Mind of a Savant: Language-learning and Modularity*. Blackwell, Oxford, 1995.

Snyder, A. D. *Coleridge on Logic and Learning*. Yale University Press, New Haven, Conn., 1929.

Steinthal, H. *Grammatik, Logik und Psychologie*. Berlin, 1855.

Gedächtnissrede auf Humboldt an seinem hundertjahrigen Geburtstage. Berlin, 1867.

Strawson, Peter F. "On Referring." *Mind*, New Series 59 (235), 1950, pp. 320-344.

Teuber, H. L. "Perception," in J. Field et al. (eds.), *Handbook of Physiology: Neurophysiology*, vol. III. American Physiological Society, Washington, D. C., 1960.

Thompson, D'Arcy Wentworth. *On Growth and Form*. Cambridge University Press, Cambridge, 1942.

Troubetzkoy, N. S. "La phonologie actuelle," in *Psychologie de langage*. Paris, 1933.

Turing, Alan, 1950. "Computing Machinery and Intelligence." *Mind*, New Series 59, 1950 pp. 433-460.

——, Morphogenesis. North-Holland, Amsterdam, 1992.

Vaugelas, Claude Favre de. *Remarques sur la langue françoise*, 1647.

Veitch, J. *The Method, Meditations and Selections from the Principles of Descartes*.

William Blackwood & Sons, Edinburgh, 1880.

Wellek, R. *Kant in England*. Princeton University Press, Princeton, N. J., 1931.

Whitehead, A. N. *Science and the Modern World*. Macmillan, New York, 1925.

Whitney, W. D. "Steinthal and the Psychological Theory of Language," *North American Review*, 1872; repr. in *Oriental and Linguistic Studies*. Scribner, Armstrong, New York, 1874.

Wilkins, J. *An Essay towards a Real Character and a Philosophical Understanding*. 1668.

Wittgenstein, L. *Tractatus Logico-philosophicus*, 1922. Trans. D. F. Pears and B. F. McGuinness. Routledge & Kegan Paul, London, 1961.

——, *Blue and Brown Books*. Harper & Row, New York, 1958.

Philosophical Investigations, trans. Elizabeth Anscombe. The MacMillan Company, New York, 1953.

索　引

（本索引页码为原书页码，亦即本书边码）

accommodation of linguistics to biology 语言学融入生物学 18, 19, 24–35
　progress in ~ 所取得的成就 25, 35
acquisition of language 语言习得 14, 30, 98–106, 144
　empiricist accounts of 经验主义对~问题的解释 21, 144
　internalized rules and 内化规则和~ 107
　and Platonism ~ 和柏拉图主义 100, 101–102
　preconditions for ~ 的前提条件 107
　rationalist approach to 理性主义对~问题的研究 143
　third factor considerations 第三种因素 33
adverbs 副词 86, 88
animal language 动物语言 63, 64, 69, 120, 124
appropriateness of linguistic actions 语言行为的恰当性 43–44, 61, 70, 120
Arnauld, A. 阿尔诺 87, 140
art 艺术 68, 94, 102, 125–126

Beauzée, N. 博泽 88, 89, 93–94, 96
Bentham, J. 杰里米·边沁 131
biolinguistics 生物语言学 4, 24–35
biology 生物
　accommodation of linguistics to 语言学融入生物学 18, 19, 24–35
　Goethe's 'Urform' 歌德的"原型" 72–73
　growth 生长 33
Bloomfield, L. 布隆菲尔德 65, 123, 126, 137
body and mind distinction 身体和心灵之间的区别 79
Bougeant, G. H. 布让 63–64

Cartesian linguistics 笛卡尔语言学 57, 58, 76, 118

case systems 格系统 87
children 儿童 5, 15, 28
 acquisition of language 语言习得 14, 15, 16, 17, 23, 101-102, 144
 linguistic creativity 语言创造性 7
Chomsky, Noam 诺姆·乔姆斯基 18-24
 politics 政治 51
cognition 认知 4, 34, 103, 104
 Descartes's theory of 笛卡尔的认知理论 103, 104, 121
cognitive science 认知科学 12, 23
Coleridge, S. T. 柯勒律治 72, 105, 128
combinatory principles of language 语言的组合原则 16, 18
commands 命令 88
Common Notions 共同观念 98, 99, 100
common sense 常识 20, 36, 37, 112, 115
communication 交流 71, 76, 120, 124
concepts 概念 10, 16, 18
 computer modeling of ~的计算机模型 24
 innate 先天~ 7, 37, 45, 46
 lexical 词汇~ 14
 naturalistic theories of 自然主义的~理论 22
 sentential 句法~ 14
conjunctions 连词 89
connectionism 联结主义 23, 110, 113
Cordemoy, Géraud de 科迪默

creative use of language ~论语言的创造性使用 125, 133
language acquisition ~论语言习得 101, 133
mind ~论心灵 61-63, 79
Cowan, M. 考恩 73
creative use of language 语言的创造性使用 4, 38-45, 59-77, 109, 125
 central role in human affairs ~在人类活动中的核心作用 4
 enjoyment of 对~的兴致 9
 explanation of 对~的解释 13
 linguistics and 语言学和~ 1, 2, 4, 6-18, 107
 and meaning ~和意义 8
 reason and 理性和~ 34, 35
 science and 科学和~ 115
creativity 创造性 50, 68, 75, 133
Cudworth, R. 库德沃思 102-105, 143, 144

D'Alembert, J. 达朗贝尔 94
data analysis, principles of 数据分析，数据分析的原则 33
deep structure and surface structure 深层结构和表层结构 26, 27, 78-92, 97
 the Port-Royal grammarians and 波尔-罗雅尔语法学家与~ 26, 96, 134

democracy 民主 52

denotation 指谓 8

Descartes, René 笛卡尔 1, 36–48, 109
 animals and machines ～论动物和机器 38–40, 59, 65, 113
 contact mechanics ～论接触力学 38, 44, 59, 61–63, 115
 creative use of language observations ～对语言的创造性使用的观察 4, 38–45, 125
 function of language ～论语言功能 124
 ideas ～论观念 37, 45, 134
 language ～论语言 61, 65, 66
 mind ～论心灵 38–40, 44, 45–48, 60, 119
 poverty of the stimulus observations ～对刺激贫乏现象的观察 65, 116
 reason ～论理性 20, 41, 60, 66, 67
 science ～论科学 36–38
 tests for other minds ～对其他心灵的测试 38–40, 65, 66, 114
 theory of cognition ～论认知理论 103, 104, 121

descriptivism 描述主义 140, 141

determinations 确定 82, 84, 96

Diderot, D. 狄德罗 131

dispositions 倾向 65

Du Marsais, César Chesneau 杜·马塞 87
 grammar ～论语法 88, 93, 95, 96
 semantic interpretation ～论语义解读 139
 theory of construction and syntax ～论结构和句法理论 89–91, 97

education 教育 48–52, 145
 empiricism and 经验主义和～ 49

ellipsis 省略 90, 134

empiricism 经验主义 22, 110
 and the creative use of language ～和语言的创造性使用 1, 33
 and education ～和教育 49
 externalism ～外在论 16
 and human nature ～和人类本性 48
 language acquisition ～语言习得 16, 20, 21
 methodological dualism ～方法论上的二元论 22, 23
 and mind ～和心灵 4, 6, 16, 18, 23, 110
 perception ～感知 105
 study of cognition ～认知研究 23

Enlightenment views 启蒙主义的观点 50

evolution and development 进化和发展 33

experience 经验 100, 102

explanation 解释 27, 93–97, 107, 119,

123, 141

Fitch, Tecumseh 特库姆塞·菲奇 32
Fodor, Jerry 杰里·福多 12, 22, 110
form, mechanical and organic 形式, 机械形式和有机形式 72, 74-75
Foucault, Michel 福柯 109, 112
free will 自由意志 2, 35, 61, 66
freedom 自由 2, 50, 51, 130
   Humboldt on 洪堡特论~ 73, 130
   of thought 思想的~ 76

Galileo, Galilei 伽利雷·伽利略 36, 125
generalized learning procedures 广义的学习程序 16, 17, 21, 144
generative grammar 生成语法 57, 69-70, 75, 105, 107, 118, 136
generative processes 生成过程 69, 71, 75
generative theory of language 语言的生成理论 26, 41, 42, 70
geometrical figures 几何图形 104
Goethe, J. W. von 约翰·沃尔夫冈·冯·歌德 33, 72-73
Gould, S. J. 古尔德 34
government 政府 49, 51, 73
grammar 语法
   adequacy of ~的充分性 28
   descriptive 描述~ 93
   formalized 形式化的~ 27

general and particular 一般~和特定~ 93-94, 98
generative 生成 ~ 57, 75, 107, 118, 136
philosophical 哲学~ 94, 95, 96, 97, 98, 118, 139
phrase structure 短语结构~ 27, 29, 86
universal grammar 普遍~：参见 universa grammar 普遍语法
gravitation 引力 44
growth 生长 33

Harnois, G. 哈诺伊斯 139
Harris, James 詹姆斯·哈里斯 67, 71, 78-79, 124-125, 127-128, 145
Hauser, Marc 马克·豪泽 32
Herbert of Cherbury 赫伯特勋爵 98, 99-100
Herder, J. G. 赫尔德 66, 67, 112
Herman, Edward 爱德华·赫尔曼 52, 117
Hockett, C. F. 霍凯特 65, 123-124
Huarte, Juan 胡安·瓦尔特 109, 121-122, 131
human evolution 人类进化 34, 48
human nature 人类本性 50, 51, 66, 123-124
   Humboldt on 洪堡特论~ 73, 74
   science of ~的科学 35, 52

human needs, fundamental 人类的需求，基本的人类需求 51
human rights 人权 74
Humboldt, Wilhelm von 亚历山大·冯·洪堡特 58, 69-72, 144
　articulation ～论分节性 126-127
　character of language ～论语言特性 74, 75
　education ～论教育 50, 145
　form of language ～论语言形式 69-70, 71, 72, 73, 74-75, 98, 128
　freedom ～论自由 73, 130
　human nature ～论人性 73, 74
　language acquisition ～论语言习得 101-102
　natural languages ～论自然语言 129
　perception ～论感知 105-106
　Platonism ～论柏拉图主义 101-102
　social and political theory ～论社会和政治理论 73-74
　thought ～思想 76
Hume, David 戴维·休谟 110

I language I 语言 47, 117
ideal types 理想类型 134
ideas 观念 81, 89, 104, 134, 135; 参见 concepts 概念
imperatives 祈使句 88
indefinite articles 不定冠词 91
indirect discourse 间接话语 84

indoctrination 灌输教育 49
information 信息
　meaning information 语义～ 13
　semantic 语义～ 14
　sound information 声音～ 13
innate concepts 天生的概念 7, 37, 45, 46
innate processes 先天的过程 20, 28, 49, 100, 103
innovation 创新性 42, 61, 62, 75, 95, 120; 参见 creative use of language, creativity 语言的创造性使用，创造性
instincts 本能 66, 67, 99
intellectuals 知识分子 117
internalism 内在论 6-18, 45
interrogation 疑问 85, 88, 134

Kant, Immanuel 伊曼纽尔·康德 50, 105, 107, 142
Katz, J. J. 卡茨 137
Kauffmann, Stuart 斯图尔特·考夫曼 33

La Mettrie, J. O. 拉梅特里 de 61, 65, 77, 133
Lamy, B. 拉米 75, 79, 87, 95, 135
language 语言
　animal language 动物～ 64, 69, 120, 124

appropriateness of linguistic actions ～行为的恰当性 43-44, 61, 70, 120
articulation ～的分节性 126-127
combinatory principles ～的组合原则, 参见转换规则 16, 18; 亦参见 transformational rules
computer modeling of ～的计算机模型 24
evolution and development of ～的进化和发展 33, 34, 119
inner and outer aspects of ～的内在方面和外在方面 79, 84-86
mechanical explanation of ～的机械论解释 61, 62, 63
natural order in ～的自然语序 132
novelty, coherence and relevance of ～的新颖性、连贯性和关联性 61
patterns and dispositions in ～中的模式和倾向 76
poetical quality of ～的诗歌特质 68
principles of ～的原则 93, 101, 106
rationalist-romantic strategy for investigating 理性-浪漫主义研究～的策略 15, 18, 118
stimulus-free character of ～不受外界刺激的约束这一特征 60, 65, 66, 67, 68, 76, 120
structure of ～结构 93, 97, 107
and thought ～和思想 77, 78

unboundedness ～的无限性 39, 42, 60, 68, 120
language competence 语言能力 118, 119
language faculty 语言官能; 参见先天过程 49, 50, 59, 103, 115; 亦参见 innate processes
language structure 语言结构 93, 107
Latin, replacement with the vernacular 拉丁语, 用本地话代替拉丁语 77
learning, theory of 学习, 学习理论 102, 103
Leibniz, G. W. 戈特弗里德·威廉·莱布尼茨 100-101, 143
Lewis, David 戴维·刘易斯 11
Lewontin, R. C. 勒沃汀 34
lexicon 词库 14, 70
I-language I 语言 47
linguistics 语言学 1, 107, 140
accommodation to biology ～融入生物学 18, 19, 24-35
descriptive 描述～ 93-97
development of ～的发展 108
explanation in ～中的解释 93-97, 141
history of ～的历史 57
Humboldt's theory of 洪堡特的～理论 69-72
minimalist program ～的最简方案 25, 29, 32, 119
modern 现代～ 74, 92
premodern 前现代～ 137

progress in ～的进展 19-20
Loebner competition 罗布纳竞赛 40-41

mathematics 数学 11, 36
meaning 意义 8, 11, 13, 81
 cognitive and emotive 认知～和情感～ 138
 internalist theory of 语义内在论 14
 and reference ～和指称 96
 theory of ～理论 13
media, corporate-run 媒体, 公司经营的媒体 52, 117
mental entities 心智实体, 参见概念、观念和心灵 6, 107; 亦参见 concepts, ideas, mind
Merge operation 合并操作 29, 32, 42, 119
methodological dualism 方法论上的二元论 21, 22, 23
Mill, J. S. 米尔 132
mind 心灵 1, 3, 18, 38, 104, 121, 128
 computational theory of ～的计算理论 45-48
 creativity and 创造性和～ 45
 and deep structure ～和深层结构 91
 Descartes and 笛卡尔和～ 44, 60, 61
 empiricist view of 经验主义的～观 23
 and the external world ～和外部世界 15
 internalist study of 从内在论的视角对～进行的研究 3
 and language ～和语言 76, 77, 98
mind-body problem 身心问题 45, 79
 modularity of ～的模块性 42, 43
other minds 他心 40-41, 61-63, 65, 66, 114
perception and volition 感知和意愿 78
philosophy of ～哲学 102
rationalist-romantic view of 理性-浪漫主义～观 4, 15
rationalist theory of ～的理性主义理论 98
representational theory of ～的表征理论 12, 110
romantic theories of ～的浪漫主义理论 118
science of ～科学 1, 6-35
spontaneity of ～的自发性 69
morphogenesis 形态发生 33
Morris, William C. 威廉·莫里斯 111

names, proper, as rigid designators 名词、专名、严格指示词 9
nativism 先天论 3, 6-18, 45, 110
natural languages 自然语言 131

case systems 格系统 87
concepts expressed in ～所表达的
    概念 16
deep structure and surface structure
    深层结构和表层结构 87, 88
meaning 意义 12
proper names 专名 10
reference 指称 9
rules or principles 规则或原则 29
structures of ～的结构 29, 129
universal features of ～的普遍特征
    142
natural rights 天然权利 73, 129, 130
neural nets 神经网络 16, 22, 23, 110,
    111, 113
Newton, Isaac 艾萨克·牛顿 44, 45
Nim Chimpsky 尼姆·奇姆斯基 40
nouns 名词 8, 9, 83, 96

parameters 参数 30–33, 47
perception 感知 78
    perception, theory of ～理论 102,
        103, 104–105, 106, 116
philosophy 哲学 8, 115
phrase structure grammar 短语结构语
    法 27, 29, 86
Platonism 柏拉图主义 100, 101–102,
    142, 143
Plato's Problem 柏拉图问题 14, 27,
    28, 29

solution to 柏拉图问题的解决方案
    30, 31, 32, 33
poetry 诗歌 68–69, 125
political institutions 政治组织 51, 52
political theory 政治理论 73–74
politics 政治 48–52
Port-Royal *Grammar*《波尔-罗雅尔语
    法》25, 26, 84–86, 94, 95, 96
    adverbs 副词 88
    case systems 格系统 87
    deep structure and surface structure
        深层结构和表层结构 26, 86, 134
    propositions 命题 79–81
    relative clauses 关系从句 83, 96
    syntax 句法 78
    verb systems 动词系统 83
Port-Royal *Logic*《波尔-罗雅尔逻辑》
    81, 86, 87
Postal, P. M. 波斯塔尔 137
poverty of the stimulus observations
    ～对刺激贫乏现象的观察 2, 3, 5,
    22, 46, 120
    and creativity observations ～对刺
        激贫乏现象的观察和对创造性的
        观察 4, 6–18, 24
    Descartes and 笛卡尔和～对刺激贫
        乏现象的观察 65, 116
    language ～论语言 5
power 权力 49, 51, 73
primates, language and 灵长类动物,

语言和灵长类动物 40
problem solving 解决问题 37
progress 进展 19-20
pronouns, relative 代词，关系代词 83
propositions 命题 79-81, 83, 135
 and deep structure ～和深层结构 80
 essential and incident 基本～和次要～ 81
Proudhon, P.-J. 蒲鲁东 132
psychology 心理学 2, 98, 100, 102, 107

questions 问句 85, 88, 134
Quine, W. V. O. 奎因 22, 112

rationalism 理性主义 1, 102, 110
rationalist-romantic strategy for investigating language 研究语言的理性-浪漫主义策略 4, 6, 13, 22
 educational implications of ～的教育意义 50
 political implications of ～的政治意义 50
reason 理性 34, 35, 50, 67, 87
 Descartes and 笛卡尔和～ 20, 41, 60, 66, 67
 politics and 政治和～ 50
 Schlegel and 施莱格尔和～ 101
recursion 递归 32, 34, 42, 85, 119, 120
reference 指称 8, 9, 12, 81, 96
relative clauses 关系从句 80, 81, 83, 95
 explicative 解释性～ 82, 83, 84
 restrictive 限制性～ 82, 83, 84
 Vaugelas's rule 沃热拉的规则 95, 96
rights, human 权利、人权 74
rights, natural 权利、天然权利 73, 129, 130
romanticism 浪漫主义 1, 6, 72, 76, 101, 105, 146
Rousseau, Jean-Jacques 让·雅克·卢梭 130-131
Russell, Bertrand 伯特兰·罗素 115
Ryle, Gilbert 赖尔 64, 65
Schlegel, A. W. 奥古斯都·威廉·施莱格尔 67-69, 72, 101, 124, 127
 art 艺术 125-126
 mechanical form and organic form 机械形式和有机形式 72
 poetry 诗歌 125
Schlegel, Friedrich 弗里德里希·施莱格尔 76
science 科学 3, 11, 94, 96; 参见 theories 理论
 and common sense, ～和常识 19, 112
 of evolution 进化～ 33
 of language 语言～ 2, 4, 6-35, 41, 140; 亦请参见 linguistics 语言学
 scientific method ～方法 2, 18, 24, 36, 46

self-expression 自我表达 70, 71, 76
self-realization 自我实现 73, 130
Sellars, W. 塞拉斯 12, 22, 112
semantics 语义学 11, 12, 15, 136, 137, 139; 亦请参见 meaning 意义
sentences 句法 14, 62, 75, 76
simplicity 简单性 19, 30, 37, 113
social organization 社会组织 35, 51, 130
social theory 社会理论 73-74
speech 言语
    interpretation of ～的解读 105-106
    perception of ～的感知 89, 91, 137
structuralism 结构主义 74
syllogisms 三段论 87
syntactic principles 句法原则
syntax 句法 14, 78, 85, 89-91, 139

theories 理论
    conditions of adequacy 充分性的条件 20
    construction of ～建构 37
    descriptive adequacy of ～的描述充分性 19, 27, 30, 37
    explanatory adequacy of ～的解释充分性 19, 27, 37
    formalization of ～的形式化 19, 27, 37
    objectivity of ～的客观性 19
    progress ～进展 19
    simplicity of ～的简单性 19, 30, 37, 113

Thompson, D'Arcy 达西·汤普森 33
thought 思想 20, 70, 77, 78, 88
    forms of ～的形式 85
    judgment and 判断和～ 76-77, 79
training 训练 49, 101, 122
transformational generative grammar 转换生成语法 83, 107, 136
transformational rules 转换规则 27, 81, 83, 89, 92, 142
Turing, Alan 图灵 33, 40, 114

unboundedness 无限性 39, 42
universal grammar 普遍语法 5, 21, 28, 30, 32
    Port-Royal grammarians 波尔-罗雅尔语法学家 26, 78, 96, 98, 107, 118

Vaugelas, Claude Favre de 沃热拉 95, 96, 141
verbs 动词 83, 86, 136
vision 视觉 3, 46-47, 116
volition 意愿 78

Waddington, Charles 查尔斯·沃丁顿 33
Wilkins, J. 威尔金斯 76, 140
Wittgenstein, Ludwig 维特根斯坦 12, 20, 140
word order 语序 76, 90

图书在版编目（CIP）数据

笛卡尔语言学：理性主义思想史上的一章 /（美）诺姆·乔姆斯基著；田启林，马军军译. --北京：商务印书馆，2025. --（汉译世界学术名著丛书）.
ISBN 978-7-100-24772-6

Ⅰ．B565.21

中国国家版本馆CIP数据核字第20240QK205号

权利保留，侵权必究。

汉译世界学术名著丛书

笛卡尔语言学
——理性主义思想史上的一章

〔美〕诺姆·乔姆斯基 著
田启林 马军军 译

商 务 印 书 馆 出 版
（北京王府井大街36号 邮政编码100710）
商 务 印 书 馆 发 行
北京市白帆印务有限公司印刷
ISBN 978-7-100-24772-6

2025年5月第1版 开本850×1168 1/32
2025年5月北京第1次印刷 印张 7⅛
定价：38.00元